Reiner Jungnitsch

Wie soll das einer glauben?

Reiner Jungnitsch

Wie soll das einer glauben?

Die Geschichten der Bibel besser verstehen

BOD Norderstedt

Bibliografische Information der Deutschen Nationalbibliothek:
Die Deutsche Nationalbibliothek verzeichnet diese Publikation
in der Deutschen Nationalbibliografie; detaillierte bibliografische
Daten sind im Internet über http://dnb.dnb.de/ abrufbar.

Umschlagfoto: privat

Herstellung und Verlag:

BoD – Books on Demand, Norderstedt

ISBN 9783746080949

Inhalt

Vorspann

Die Tatsache, dass Du dieses kleine Buch aufschlägst, belegt schon eine gute Portion Neugier und Interesse am Thema Bibel, Glaube und Religion. Oder sind es mehr die offenen Fragen zur Sache, die Dich beschäftigen? Bist Du schon einmal über einen Text aus der Bibel gestolpert, der Dir völlig unverständlich vorkam – oder gar Kopfschütteln zur Folge hatte?

Egal was es ist. Dein Interesse zeigt jedenfalls, dass Dir die Sache nicht gleichgültig ist, dass Du damit noch nicht „fertig" bist, sondern dass Du die Auseinandersetzung und Antworten suchst. Allein schon das heute ist nicht ganz selbstverständlich.

Mit dem, was auf den nächsten Seiten folgt, möchte ich Dir ein wenig entgegenkommen. Es ist der Versuch, ein paar Themen und Passagen aus der Bibel verstehbar zu machen.

Dennoch soll das hier kein Lehrbuch oder so etwas sein. Nimm es bitte als eine Folge von längeren Briefen, die Dich jeweils auf einen kleinen gedanklichen Spaziergang mitnehmen wollen.

Lass Dich daher einladen, mitzugehen und schau selber, was Du unterwegs entdecken kannst.

I. Knoten im Gehirn - oder: Sprünge, für die man einen zweiten Anlauf braucht

Es geht nun darum...

* wie fantastisch wir mit Worten spielen können und wieviel Wichtiges dabei ernsthaft zwischen ihnen hängen bleibt,

* wie manche Geschichten in den falschen Hals geraten und dort zu einem echten Problem werden können,

* wie wunderbar das passende Wort wirken und wie wahr manchmal das sein kann, was so gar nicht passiert ist,

* wie wir in einfachen Worten große Geheimnisse einfangen, dabei aber schon mal vergessen, hin und wieder gut zu lüften.

1. Die Sprache ist die Quelle aller Missverständnisse - und zugleich unsere wichtigste Verbindung

Manchmal ist es wie verhext: Da meine ich mich klar und verständlich ausgedrückt zu haben, muss aber dann feststellen, dass ich total missverstanden wurde. Was ich meinte, war beim Anderen einfach nicht so angekommen. Er oder Sie hatte zwar meine Worte gehört, doch wenigstens teilweise etwas anderes damit verbunden, sie anders interpretiert. Das liegt meistens an unseren unterschiedlichen Wahrnehmungen und Erfahrungen. Wenn ich zum Beispiel „rot" sage, weiß ich nicht, was genau mein Gesprächspartner darunter versteht.

Löst das Farbwort die Vorstellung einer roten Rose aus, denkt er an den Lippenstift seiner Freundin, an das leuchtende Rot eines Abendhimmels oder an was auch immer. Jedenfalls wird er das Wort mit ganz typischen oder auch ganz persönlichen Bildeindrücken verbinden, von denen ich beim Sprechen nichts weiß.

Ähnlich ergeht es uns auch beim gemeinsamen Betrachten eines Kunstwerkes, beim Anschauen eines Filmes, beim Lesen desselben Romans. Schon ein Spaziergang im Wald ist für zwei Menschen nicht dasselbe. Jeder wird auf dem Weg etwas anderes bemerken.

Einer sieht, hört und riecht Kleinigkeiten, die dem Anderen gar nicht aufgefallen sind. Erst durch den Hinweis, durch das gezielte Einbeziehen der Sprache, kann auch der Andere das Gemeinte erkennen: den entfernt hörbaren Ruf des Kuckucks, das flüchtende Eichhörnchen, das leise Plätschern eines kleinen Baches, das bizarre Astwerk eines alten Baumes.

Durch die Sprache wird also nicht nur eine sachliche Information weitergegeben, sie hilft uns auf ganz grundlegende Weise beim Erkennen. Was wir nämlich nicht mit Worten benennen können, bleibt irgendwie nebelhaft undeutlich.

Wir können das Wahrgenommene dann nicht so recht „packen", es für uns und andere nur ungenügend klarmachen. Es gelangt nicht richtig ins Bewusstsein.

So ist unsere Sprache einerseits ein faszinierendes Medium, das uns miteinander verbindet, das jedoch andererseits auch sehr bewusst und behutsam gebraucht werden muss, damit diese Verknüpfung wirklich funktioniert. Sie ist quasi wie ein Raum, in den wir hineingeboren werden und in dem wir uns lebenslang bewegen. Es geht also wesentlich darum, wie genau wir diesen Raum kennen, seine Besonderheiten wahrnehmen und nutzen. (Hiermit ist vor allem unsere kulturelle Tradition gemeint und nicht so sehr die geografische Verbreitung einer bestimmten Sprache.)

Denn in diesem Raum tummeln sich zahllose und vielfältige Gestalten: Wörter, Begriffe, Redewendungen, Dialekte, Kürzel, Regeln, Zeichen und vieles mehr.

Die Sprache ist schon fast eine Welt für sich. Ein wichtiges Merkmal aller heutigen Sprachen ist aber zweifellos: sie leben!

Das bedeutet, es finden Veränderungen statt. Ständig werden neue Wörter bzw. Begriffe gebildet, andere dagegen verlieren mit der Zeit ihren Aussagewert und verschwinden. Regeln werden geändert und manche Wörter bekommen eine völlig neue Bedeutung. Die Sprache spiegelt die Welt der Menschen.

Überlege mal, was hast du über das Phänomen Sprache allgemein (und besonders über deine Muttersprache) herausgefunden, seit du in der Schule begonnen hast, eine fremde Sprache zu lernen?

Mich hat das Hin- und Herspringen zwischen zwei oder mehr Sprachen immer wieder begeistert und zum Staunen gebracht. Wie verschieden die Bedeutungen für ein fremdsprachiges Wort sein können! Und wie viel aufschlussreiche Wurzeln und Verwandtschaften sich bei den alten Griechen und Römern entdecken lassen!

Natürlich weiß ich auch, wie nervig das Lernen von Vokabeln und fremdartiger Grammatik sein kann. Aber lernen wir nicht ein völlig neues Gefühl für Sprache, wenn wir z. B. einen englischen Text ins Deutsche übersetzen sollen? Gerade weil ein Wort oder eine Redewendung mehrere Übersetzungsmöglichkeiten zulässt, müssen wir uns bemühen, den Sinn und den Zusammenhang einer Aussage zu verstehen. Sonst bleibt der Inhalt eben auf der Strecke.

Wenn etwa ein Engländer sagt „It's raining cats and dogs!", dann meint er ja nicht buchstäblich, dass gerade Hunde und Katzen vom Himmel fallen. Er drückt lediglich aus wie heftig der Regen ist.

Wir sagen in diesem Falle eher „Es regnet Bindfäden!", „Es gießt in Strömen!" oder wir sprechen von „sintflutartigen Regenfällen". Nun übersetze einmal diese Ausdrücke ins Englische! Was meinst du, wird ein Engländer dann heraushören?

Wie würdest du es übrigens mit anderen Worten ausdrücken, wenn du jemanden oder etwas als „cool" oder „geil" bezeichnest? Was ist ein „Kick"? Wie umschreibst du „Liebe"?

Du merkst schon: Unsere menschliche Sprache ist etwas Besonderes. Sie ist nicht bloß eine Art technisches Hilfsmittel zum Austausch von Informationen. Sie ist viel mehr und vor allem vielschichtiger.

Wir können mit Worten ganz verschiedenes ausdrücken, bezwecken und bewirken. Die Sprache verlangt schon ein gewisses Gespür, damit man selbst die richtigen Worte wählt und umgekehrt beim Zuhören oder Lesen auch das mitbekommt, was mit ihnen transportiert werden soll.

Besonders deutlich werden die fantastischen Möglichkeiten unserer Sprache, wenn wir etwas durch einen bildhaften Vergleich ausdrücken. Die eben zitierte Redewendung aus dem Englischen ist so ein Beispiel. Man nennt das eine Metapher. Im Alltag benutzen wir sehr viele davon. Hier nur eine kleine Auswahl:

* Hast Du schon einmal „auf dem Schlauch gestanden"?
* Oder „auf glühenden Kohlen" bzw. „in der Tinte" gesessen?
* Oder bist gelegentlich „mit der Tür ins Haus gefallen"?
* Wurden dir schon mal „Steine in den Weg gelegt"?
* Oder „Knüppel zwischen die Beine geworfen"?
* Oder ist Dir jemals „eine Laus über die Leber gelaufen"?
* Oder etwas „an die Nieren gegangen"? usw.

Ist Dir klar, was jeweils damit ausgedrückt werden soll?

Du siehst, wie bildreich-verschlüsselt wir oft reden, ohne es zu merken. Das kommt daher, weil wir alle gemeinsam über diese Sprachschlüssel verfügen.

Wir haben gelernt, dass man diesen oder jenen Sachverhalt mit einer solchen Metapher eben ganz treffend auf den Punkt bringen kann - und annehmen darf, dass jeder ziemlich genau weiß, was gemeint ist.

Eine Metapher ist auch ungleich passender als eine umständliche, nüchterne Beschreibung. Sie enthält nämlich in dem benutzten Bild quasi einen „Überschuss" an Bedeutung, einen Spielraum zur Interpretation, den jeder Hörer mit der eigenen Fantasie ausfüllen kann.

Du wirst Dich inzwischen wohl schon gefragt haben, was dieser ganze Ausflug in Sachen Sprache und Geschichten eigentlich mit Religion zu tun hat.

Kurze Antwort: Weil es in der Religion hauptsächlich um tiefgreifende Erfahrungen geht, die in Geschichten überliefert werden. Die Bibel ist voll davon. Aber sie wird oft miss-verstanden, weil viele zeitgenössische Leser nicht wissen, wie sie die bisweilen merkwürdig klingenden Geschichten verstehen sollen.

Das ist sachlich gesehen auch nicht verwunderlich. Denn die Bibel ist genaugenommen eine ganze Bibliothek mit über 70 einzelnen Büchern, an denen über 1000 Jahre lang (in Hebräisch und Altgriechisch) geschrieben wurde.

Sie stammt aus einer längst vergangenen Zeit und einer uns fremden Kultur. Daher verstehen wir ihre Geschichten nicht so selbstverständlich wie das, was wir uns im Alltag zu erzählen haben.

Wenn uns also noch etwas daran liegt, die Bibel als das wichtigste Dokument des jüdischen und christlichen Glaubens wirklich zu verstehen, dann wird es nötig sein, ein paar Brücken zu bauen. Das Wissen um die Eigenarten menschlicher Sprache und den „Untergrund" verschiedener Erzählformen ist schon eine dieser Brücken, vielleicht sogar die wichtigste.

Wer nämlich nicht weiß, wie er einen bestimmten Typ von Geschichten, zum Beispiel ein Märchen, angemessen „lesen" soll, der wird die Bibel wahrscheinlich mit einem ablehnenden Kopfschütteln beiseitelegen. Oder er wird ziemlich willkürlich eine Deutung hineinlesen, die ihm gerade in den Kram passt. Das nennt man „gegen den Strich bürsten". Aber das ist nicht im Sinne der biblischen Erzähler und geht an der Wahrheit vorbei. Ich möchte Dich daher behutsam mit ein paar biblischen Texten vertraut machen.

2. Adam und Eva waren nicht die ersten Menschen - sie leben immer noch

„Glauben Sie wirklich, dass das ganze Universum in sechs Tagen von Gott gemacht worden ist und dass da zwei erste Menschen in so einem Paradiesgarten herumgelaufen sind und so weiter ...?" - So wurde ich schon oft gefragt.

Unausgesprochen, aber deutlich spürbar, heißt das: Das können Sie doch nicht mit allem Ernst *glauben*! So einen Unsinn kann kein Mensch im 21. Jahrhundert für wahr halten! Das ist doch von vorgestern! Noch nichts von Urknall, Darwin und der Evolution gehört?!

„Natürlich", muss ich dann sagen. „Natürlich weiß ich davon. Das mag ja auch alles richtig sein. Und trotzdem kann ich das glauben, was da in der Bibel steht. Es ist nämlich kein Widerspruch!".

Eine unerwartete Ratlosigkeit des Gegenübers ist die Folge. Wie beides zusammenpassen kann, ist ihm in diesem Moment unvorstellbar. Entweder stimmt das Naturkundebuch oder die Bibel. Beides zugleich geht nicht. Adam und Eva oder der Neandertaler. Das scheinen die Alternativen zu sein, die sich gegenseitig ausschließen. Aber das ist nicht so.

Wer derart die beiden Antworten als Alternativen aufbaut, der ist schon auf dem Holzweg. Er vergleicht nämlich Äpfel mit Birnen, das heißt, er übersieht, dass hier ein alter *religiöser* Text und *naturwissenschaftliche* Aussagen in Konkurrenz gestellt werden.

Das kann nicht passen. Denn in beiden Fällen haben wir es mit Texten zu tun, die von unterschiedlichem Charakter sind, also auch völlig verschiedene Mitteilungen machen. (Erinnerst Du Dich, was wir über Sprache und Geschichten bereits ein wenig beleuchtet haben?)

Stellen wir uns doch einmal (etwas vereinfacht) vor, beide Schriften - also der biblische Text und ein modernes Lehrbuch der Biologie oder Astronomie - seien von nur je *einem* Verfasser formuliert worden. An beide stellen wir nun die gleichen Fragen: Woher weißt Du das so genau, was Du da geschrieben hast? Wie kommst Du darauf, dass das wahr ist? Welche Beweise hast Du dafür?

Gehen wir der Reihe nach vor und untersuchen zuerst die Auskunft des Naturwissenschaftlers. Was erhalten wir zur Antwort, wenn wir ihn nach seinem Wissen fragen über den Ursprung der Welt, des Lebens und des Menschen?
In knapper Form wird die Antwort in etwa so lauten:

* Am Anfang war der Urknall. Er liegt ungefähr 14 Milliarden Jahre zurück. Er ist der Nullpunkt von Raum, Zeit und Materie. Seit diesem Zeitpunkt dehnt sich das Universum aus.

* Das Zusammenspiel von physikalischen und chemischen Kräften hat über lange Zeiträume hinweg eine nur schätzbare Zahl von Sternen, Planeten, Monden usw. hervorgebracht. Unsere Erde entstand vor etwa 4,5 Milliarden Jahren.

* Aus ersten einzelligen Organismen, die vor über 3,5 Milliarden Jahren scheinbar zufällig in den Urmeeren entstanden, entwickelte sich eine gigantische Vielfalt von Lebensformen auf unserem Planeten.

* Bestimmte Affenarten entwickelten sich weiter und wurden zu Vorfahren des heutigen Menschen. Die heute lebenden Affenarten und der Mensch haben also gemeinsame Ahnen.

* Die gesamte Entwicklung vom Urknall bis heute muss als ein offener Evolutionsprozess verstanden werden. Die Spielregel der Evolution heißt „Versuch und Irrtum". Wir Menschen sind folglich nicht der krönende Abschluss und stehen auch nicht über oder außerhalb der Natur.

Wir sind Teil von einem großen Organismus, der Erde. Denn alle Dinge und Lebensformen sind auf geheimnisvolle Weise miteinander verbunden.

Das alles ist das Ergebnis von vielerlei Beobachtungen, Berechnungen, Experimenten und Diskussionen über Jahrhunderte hinweg.

Doch weil sich jede Wissenschaft selber als offenen Prozess zur weiteren Vermehrung und Vertiefung des Wissens versteht, hat dieses so gesichert scheinende moderne Weltbild dennoch seine Lücken und Grenzen. Das kann auch gar nicht anders sein, denn alle Wissenschaft ist Menschenwerk, und der Mensch ist in seinen Erkenntnismöglichkeiten relativ beschränkt. Diese nüchterne Einsicht ist ebenfalls ein Resultat der Forschung.

Was bisher nur unzureichend oder überhaupt nicht geklärt werden konnte, ist:

* Der Grund für den Urknall: Was hat ihn ausgelöst? Was war, wenn man denn so fragen dürfte, vorher? Wird sich das Weltall endlos ausdehnen oder wieder zusammenziehen und mit einem abschließenden Urknall ein neues Universum entstehen lassen? Gibt es vielleicht weitere Universen neben dem unseren?

* Das Zusammenwirken von Materie und Energie: Über den Aufbau der Materie und das Spiel der physikalischen Kräfte herrscht nach wie vor mehr Vermuten als Wissen.

* Das Wirken der uns bekannten Naturgesetze im ganzen Universum: Wie können aus Chaos und Zufall systematische Ordnungen und Strukturen hervorgehen?

* Eine vollständige Beweiskette über den Stammbaum des Menschen: Auch hier fehlen noch wichtige Puzzleteile.

* Das Phänomen Geist: Noch ist weithin unklar, wie es in der Evolutionsgeschichte zu dieser qualitativ neuen Stufe gekommen ist. Wie wirken Geist und Materie zusammen? Ist unser Geist gleichzusetzen mit dem Gehirn? Ist er ein Ergebnis der Gehirnfunktionen oder kann er auch losgelöst vom Gehirn existieren?

Das sind nur ein paar der offenen Fragezeichen. Sie sind zugleich der Motor, der uns Menschen weiter forschen lässt, weil wir unendlich neugierig sind und alles möglichst genau wissen wollen.

Die Grenzen der Wissenschaft und damit aller menschlichen Erkenntnis zeigen sich jedoch nicht vor allem darin, dass die Gelehrten über die Herkunft der Welt, des Lebens und des Menschen hauptsächlich mit Theorien, Hypothesen und Denkmodellen arbeiten. Das ist nicht einmal der entscheidende Schwachpunkt. Unser ganzes alltägliches Denken und Handeln ist nämlich vollgestopft mit Theorien, also Ansichten, Vorstellungen und Annahmen über Menschen, Dinge, Situationen und Zusammenhänge. Diese Theorien sind demnach nicht nur wichtig und notwendig, wir wären ohne sie auch nicht lebensfähig.

Überprüfe es bei Dir selbst! Was weißt du mit absoluter Sicherheit? Wieviel von alledem, was Du weißt, hast Du kontrolliert? Wieviel nimmst Du einfach als wahr und wirklich an? Wie genau ist Dein Wissen über die Menschen, die Dir nahestehen? Wie werden Deine Freunde Dich beschreiben? Woher nehmen sie ihr Wissen?

Der Grund, warum die Leine der naturwissenschaftlichen Erkenntnis faktisch begrenzt ist, liegt in der *Methode*. Die Fragen eines Physikers, Chemikers, Biologen usw. richten sich nämlich ganz sachbezogen ausschließlich auf das *Wie* einer Sache:

Wie verhält sich ein Elektron? Woraus setzen sich die Atome zusammen? Woran orientieren sich die Zugvögel?

Wie weit ist dieser oder jener Stern entfernt? Wie wirkt eine bestimmte Substanz im menschlichen Körper? Und so weiter und so weiter.

Das Interesse des Wissenschaftlers gilt stets dem Aufbau, der Funktionsweise, den Besonderheiten, den Zusammenhängen und letztlich einer technischen, wirtschaftlichen oder gar politischen Nutzung des neuen Wissens. Er untersucht das, was da ist, mit einer bestimmten Absicht.

Aber er fragt als Physiker, Chemiker, oder Biologe nicht nach einem ursprünglichen *Woher* oder nach einem *Sinn* und *Zweck*.

Allein diese methodische Selbstbeschränkung beim Forschen hat die Naturwissenschaften in den letzten Jahrhunderten so erfolgreich gemacht. Sie haben nicht nur unsere heutige Kultur wesentlich geprägt, sondern auch unser Denken, Urteilen und Handeln tiefgreifend beeinflusst. So fordern moderne und aufgeklärte Leute immer gleich einen Beweis, alles muss in einem vernünftigen Rahmen bleiben, soll klar, verständlich, überschaubar und nützlich sein (und natürlich nicht viel kosten). So berechtigt diese Vorgehensweise auch sein mag, sie erfasst nicht alle Seiten der Wirklichkeit und bleibt daher auch bei Teilwahrheiten stecken.

Es gibt jedoch noch mehr zu sehen, zu erkennen und zu klären. Deswegen stößt die genannte Beschränkung den Naturwissenschaftler recht bald auf Fragen und Probleme, die er allein mit den Mitteln seiner Wissenschaft dann nicht mehr lösen kann:

* So konnten die Chemiker und Physiker, denen vor etwa 80 Jahren die erste Kernspaltung gelungen war, nicht mehr nach wissenschaftlichen Kriterien darüber befinden, wie ihre Entdeckung nun verantwortlich genutzt werden sollte. Politiker übernahmen die Entscheidung und ließen die erste Atombombe bauen. Im August 1945 brachte das Hunderttausenden von Menschen in Hiroshima und Nagasaki den Tod.

* Erst später wurde dieser wissenschaftliche Triumpf in Kraftwerke umgesetzt. Aber auch sie bergen tödliche Gefahren. Auch die Diskussion, ob zur Deckung des steigenden Energiebedarfs weitere Atomkraftwerke gebaut werden sollten, lässt sich nicht allein mit physikalischen Argumenten führen.

* Jeder Gentechniker ist als Fachmann der Biologie überfordert, wenn sich die Frage stellt, ob es vertretbar sei, auch Menschen zu klonen. Er kann bestenfalls als Mensch hierzu eine Meinung haben. Aber mit rein biologiewissenschaftlichen Kriterien vermag er das Problem nicht zu lösen.

* Ebenso lässt sich in Sachen Abtreibung oder Sterbehilfe eine so nachhaltige Entscheidung (über Leben oder Tod!) nicht einfach aufgrund eines medizinischen Befundes treffen.

In all diesen Fällen geht es ja nicht ausschließlich um ein wissenschaftliches oder technisches Problem. Es geht um Entscheidungen, die für die betroffenen Personen weitreichende Folgen haben. Da genügt naturwissenschaftliche Kompetenz allein eben nicht mehr. Es müssen andere Überlegungen angestellt, andere Kriterien berücksichtigt werden, weil es plötzlich um *Wert-Fragen* geht: Darf das, was möglich ist, auch umgesetzt werden? Wie hoch ist der Wert eines Menschenlebens? Ist es verantwortbar, kommende Generationen der Strahlungsgefahr unseres Atom-Mülls auszusetzen? usw.

Schon sind wir bei der Ethik angelangt. Die Ethik ist ein Gebiet aus der Philosophie und Theologie, denkt über das menschliche Handeln nach und stellt die Fragen nach Richtig und Falsch, nach Gut und Böse, nach Gewissen und Verantwortung. Sie hilft Maßstäbe zu entwickeln, die für alle Menschen nachvollziehbar sein sollen.

Nach welchen „Spielregeln" handelst Du im Alltag? Was hältst Du für gut, was für absolut unverantwortlich? Welche Argumente fallen Dir zur Begründung ein? Gibt es etwas, das Du nie tun würdest? Wieso?

Wenn es um die Maßstäbe menschlichen Handelns geht, dann dehnt sich ganz schnell der Horizont des Denkens. Die Fragen werden immer grundsätzlicher. Es geht auf einmal um das Wesen und die Bestimmung des Menschen in dieser Welt, um einen Sinn: Woher? – Wohin? – Wozu?

Das sind die Urfragen von uns Menschen. Darauf Antworten zu suchen ist schon immer das Thema der Religion gewesen. Sie widmet sich dem großen Ganzen und möchte dem Leben eine Perspektive und eine Orientierung geben.

Sie wagt eine Deutung dessen, was die Naturwissenschaft im Dunkel lassen muss, weil es nicht mehr ihr Spielfeld ist: eine Deutung von Ursprung und Ziel von allem.

Genau hier hat die Bibel ihren Platz. Was sie uns über den Anfang erzählt, soll nämlich *keine naturwissenschaftliche Beschreibung* der Urzeit sein. Daran hat sie kein Interesse. Sie bietet einen übergreifenden Zusammenhang, vergleichbar mit dem Bild eines Puzzles, dessen ungezählte Teile noch unsortiert vor uns liegen. Erst wenn wir den Überblick gewinnen, absehen können, welche Teile an welchen Platz gehören, bekommt das Wirrwarr einen Sinn.

Auch wir Menschen sind Teile des großen Welt-Puzzles und haben uns seit jeher bemüht, unseren Platz, unsere Rolle in der Welt zu verstehen. Die ältesten Versuche, die vielen Puzzleteile dieser Welt zu einem plausiblen Weltbild zusammenzufügen und dadurch manches erklärbar zu machen, nennt man Mythen. Auch die Bibel erzählt ihre Schöpfungsgeschichte in der Form eines Mythos! Wer das weiß, wird schon eine Menge völlig falscher Fragen nicht mehr stellen. Die Aussagen der Bilder und Motive der Erzählung sind ja das Eigentliche; sie wollen verstanden werden!

Doch langsam! Wenn du nun wirklich etwas genauer verstehen möchtest, was da über den Anfang der Welt tatsächlich in der Bibel steht, wird es hilfreich sein, wenn du sie einmal ganz ungeniert selber liest. Okay?

Also hier der Text aus dem Buch Genesis (oder: „1. Buch Mose"), Kapitel 1,1 bis 2,25: Aber Achtung! Lies *in* und *zwischen* den Zeilen!

Kap. 1

1 Im Anfang schuf Gott den Himmel und die Erde;
2 die Erde war aber eine Wüstenei und Öde, und Finsternis lag über der weiten Flut, und der Geist Gottes schwebte über der Wasserfläche.
3 Da sprach Gott: »Es werde Licht!«*, und es ward Licht.*
4 Und Gott sah, daß das Licht gut war; da schied Gott das Licht von der Finsternis
5 und nannte das Licht »Tag«*, der Finsternis aber gab er den Namen* »Nacht«*. Und es wurde Abend und wurde Morgen: erster Tag.*
6 Dann sprach Gott: »Es entstehe ein festes Gewölbe inmitten der Wasser und bilde eine Scheidewand zwischen den beiderseitigen Wassern!« *Und es geschah so.*
7 So machte Gott das feste Gewölbe und schied dadurch die Wasser unterhalb des Gewölbes von den Wassern oberhalb des Gewölbes.
8 Und Gott nannte das feste Gewölbe »Himmel«*. Und es wurde Abend und wurde Morgen: zweiter Tag.*
9 Dann sprach Gott: »Es sammle sich das Wasser unterhalb des Himmels an einen besonderen Ort, damit das Trockene (= das feste Land) sichtbar wird!« *Und es geschah so.*
10 Und Gott nannte das Trockene »Erde«*, dem Wasser aber, das sich gesammelt hatte, gab er den Namen* »Meer«*. Und Gott sah, daß es gut war. –*
11 Dann sprach Gott: »Die Erde lasse junges Grün sprossen, samentragende Pflanzen und Bäume, die je nach ihrer Art Früchte mit Samen darin auf der Erde tragen!« *Und es geschah so:*

12 die Erde ließ junges Grün hervorgehen, Kräuter, die je nach ihrer Art Samen trugen, und Bäume, die Früchte mit Samen darin je nach ihrer Art trugen. Und Gott sah, daß es gut war.
13 Und es wurde Abend und wurde Morgen: dritter Tag.
14 Dann sprach Gott: »Es sollen Lichter am Himmelsgewölbe entstehen, um Tag und Nacht voneinander zu scheiden; die sollen Merkzeichen sein und zur (Bestimmung von) Festzeiten sowie zur (Zählung von) Tagen und Jahren dienen;
15 und sie sollen Lichter am Himmelsgewölbe sein, um Licht über die Erde zu verbreiten!« Und es geschah so.
16 Da machte Gott die beiden großen Lichter: das größere Licht zur Herrschaft über den Tag und das kleinere Licht zur Herrschaft über die Nacht, dazu auch die Sterne.
17 Gott setzte sie dann an das Himmelsgewölbe, damit sie Licht über die Erde verbreiteten
18 und am Tage und in der Nacht die Herrschaft führten und das Licht von der Finsternis schieden. Und Gott sah, daß es gut war.
19 Und es wurde Abend und wurde Morgen: vierter Tag.
20 Dann sprach Gott: »Es wimmle das Wasser von einem Gewimmel lebender Wesen, und Vögel sollen über der Erde am Himmelsgewölbe hin fliegen!«
21 Da schuf Gott die großen Seetiere und alle Arten der kleinen Lebewesen, die da sich regen, von denen die Gewässer wimmeln, dazu alle Arten der beschwingten Vögel. Und Gott sah, daß es gut war.
22 Da segnete Gott sie mit den Worten: »Seid fruchtbar und mehret euch und erfüllet das Wasser in den Meeren, und auch die Vögel sollen sich auf der Erde mehren!«
23 Und es wurde Abend und wurde Morgen: fünfter Tag.
24 Dann sprach Gott: »Die Erde bringe alle Arten lebender Wesen hervor, Vieh, Kriechgetier und wilde Landtiere, jedes nach seiner Art!« Und es geschah so.
25 Da machte Gott alle Arten der wilden Landtiere und alle Arten des Viehs und alles Getier, das auf dem Erdboden kriecht, jedes nach seiner Art. Und Gott sah, daß es gut war. –
26 Dann sprach Gott: »Laßt uns Menschen machen nach unserm Bilde, uns ähnlich, die da herrschen sollen über die Fische im Meer und über die Vögel des Himmels, über das (zahme) Vieh und über alle (wilden) Landtiere und über alles Gewürm, das auf dem Erdboden kriecht!«

27 Da schuf Gott den Menschen nach seinem Bilde: nach dem Bilde Gottes schuf er ihn; als Mann und Weib schuf er sie.
28 Gott segnete sie dann mit den Worten: »Seid fruchtbar und mehrt euch, füllt die Erde an und macht sie euch untertan und herrscht über die Fische im Meer und über die Vögel des Himmels und über alle Lebewesen, die auf der Erde sich regen!«
29 Dann fuhr Gott fort: »Hiermit übergebe ich euch alle samentragenden Pflanzen auf der ganzen Erde und alle Bäume mit samentragenden Früchten: die sollen euch zur Nahrung dienen!
30 Aber allen Tieren der Erde und allen Vögeln des Himmels und allem, was auf der Erde kriecht, was Lebensodem in sich hat, weise ich alles grüne Kraut der Pflanzen zur Nahrung an.« Und es geschah so.
31 Und Gott sah alles an, was er geschaffen hatte, und siehe: es war sehr gut. Und es wurde Abend und wurde Morgen: der sechste Tag.

Kap. 2

1 So waren der Himmel und die Erde mit ihrem ganzen Heer vollendet.
2 Da brachte Gott am siebten Tage sein Werk, das er geschaffen hatte, zur Vollendung und ruhte am siebten Tage von aller seiner Arbeit, die er vollbracht hatte.
3 Und Gott segnete den siebten Tag und heiligte ihn; denn an ihm hat Gott von seinem ganzen Schöpfungswerk und seiner Arbeit geruht.
4a Dies ist die Entstehungsgeschichte des Himmels und der Erde, als sie geschaffen wurden.
4b Zur Zeit, als Gott der HERR Erde und Himmel schuf,
5 als es auf der Erde noch keine Sträucher auf dem Felde gab und noch keine Pflanzen auf den Fluren gewachsen waren, weil Gott der HERR noch keinen Regen auf die Erde hatte fallen lassen und auch noch keine Menschen da waren, um den Ackerboden zu bestellen –
6 es stieg aber ein Wasserdunst von der Erde auf und tränkte die ganze Oberfläche des Erdbodens –
7 da bildete Gott der HERR den Menschen aus Erde vom Ackerboden und blies ihm den Lebensodem in die Nase; so wurde der Mensch zu einem lebenden Wesen.

8 Hierauf pflanzte Gott der HERR einen Garten in Eden nach Osten hin und versetzte dorthin den Menschen, den er gebildet hatte.

9 Dann ließ Gott der HERR allerlei Bäume aus dem Erdboden hervorwachsen, die lieblich anzusehen waren und wohlschmeckende Früchte trugen, dazu auch den Baum des Lebens mitten im Garten und den Baum der Erkenntnis des Guten und des Bösen.

10 Es entsprang aber ein Strom in Eden, um den Garten zu bewässern, und teilte sich von dort aus, und zwar in vier Arme.

11 Der erste heißt Pison: dieser ist es, der das ganze Land Hawila umfließt, woselbst sich das Gold findet,

12 und das Gold dieses Landes ist kostbar; dort kommt auch das Bedolachharz (= Edelharz) vor und der Edelstein Soham.

13 Der zweite Strom heißt Gihon: dieser ist es, der das ganze Land Kusch umfließt.

14 Der dritte Strom heißt Hiddekel (= Tigris): dieser ist es, der östlich von Assyrien fließt; und der vierte Strom ist der Euphrat.

15 Als nun Gott der HERR den Menschen genommen und ihn in den Garten Eden versetzt hatte, damit er ihn bestelle und behüte,

16 gab Gott der HERR dem Menschen die Weisung: »Von allen Bäumen des Gartens darfst du nach Belieben essen;

17 aber vom Baum der Erkenntnis des Guten und des Bösen – von dem darfst du nicht essen; denn sobald du von diesem ißt, mußt du des Todes sterben.«

18 Hierauf sagte Gott der HERR: »Es ist nicht gut für den Menschen, daß er allein ist: ich will ihm eine Hilfe schaffen, die zu ihm paßt.«

19 Da bildete Gott der HERR aus Erde alle Tiere des Feldes und alle Vögel des Himmels und brachte sie zu dem Menschen, um zu sehen, wie er sie benennen würde; und wie der Mensch sie alle benennen würde, so sollten sie heißen.

20 So legte denn der Mensch allem Vieh und den Vögeln des Himmels und allen wilden Tieren Namen bei; aber für einen Menschen fand er keine Hilfe darunter, die zu ihm gepaßt hätte.

21 Da ließ Gott der HERR einen tiefen Schlaf auf den Menschen fallen, so daß er einschlief; dann nahm er eine von seinen Rippen heraus und verschloß deren Stelle wieder mit Fleisch;

22 die Rippe aber, die Gott aus dem Menschen genommen
hatte, gestaltete er zu einem Weibe und führte dieses dem
Menschen zu.
23 Da rief der Mensch aus:»Diese endlich ist es: Gebein von
meinem Gebein und Fleisch von meinem Fleisch! Diese soll
›Männin‹ heißen; denn vom Manne ist diese genommen.«
24 Darum verläßt ein Mann seinen Vater und seine Mutter und
hängt seinem Weibe an, und sie werden ein Fleisch sein.
25 Und sie waren beide nackt, der Mensch (oder: „Adam") und
sein Weib, und doch schämten sie sich nicht (voreinander).
(Übersetzung: Hermann Menge)

Was ist dir aufgefallen? Welche Gedanken, Gefühle und Bilder
hattest Du beim Lesen im Kopf?

Wer sich diese beiden ersten Kapitel in der Bibel aufmerksam
und unvoreingenommen anschaut, wird Folgendes feststellen:

1. Die Bibel beginnt mit *zwei* Schöpfungsgeschichten, die jeweils
völlig anders klingen und sich vielfach widersprechen.
Grund: Beide Geschichten sind zu unterschiedlichen Zeiten
entstanden; die erste (1,1-2,4a) gegen 550 vor Christus, die
andere (2,4b-2,25) etwa um 950 vor Christus. Die zweite
Erzählung ist also die ältere. Erst später wurden die
unterschiedlichen Schriften im Buch Genesis zueinander gefügt.
Dies geschah bewusst, trotz der offensichtlichen Differenzen, da
sie von der gleichen Glaubensüberzeugung geprägt sind.
Außerdem wurden für die Bibellektüre schon immer *wache* Leser
vorausgesetzt.

2. Die Reihenfolge der einzelnen Schöpfungsvorgänge ist jeweils anders. Mal kommt der Mensch am Schluss, mal zu Beginn; mal kommt er vor, dann wieder nach den Tieren usw.

Das zeigt zum einen, dass hier mehrere Verfasser am Werk waren aus verschiedenen Zeiten, mit unterschiedlichen Lebensumständen und daher auch mit einer je anderen Erzählabsicht. Zum Beispiel dient in der ersten Geschichte der Wochenrhytmus als Gerüst und findet am siebten Tag, dem Sabbat, seinen Höhepunkt. Das deutet darauf hin, dass in der Entstehungszeit des Textes schon ein ausgeprägter Sabbat-Kult (ähnlich unserer Sonntagsmesse) existierte.

Und dazu gehörte eine einflussreiche Gruppe von Priestern, die eine Schöpfungsgeschichte aus genau dieser Perspektive erzählen wollten. Darum sprechen die Bibelwissenschaftler auch von der „Priesterschrift".

3. Besonders auffällig ist auch das Auftreten der ersten Menschen. Die erste Geschichte lässt Mann und Frau *gleichzeitig* erscheinen, die zweite (ältere!) benutzt ein altes mythisches Bild von einem Urmenschen, aus dem heraus ihm dann ein weibliches Gegenstück geformt wird.

Gerade dieses merkwürdige Motiv mit der Rippe drückt aus, wie sehr Mann und Frau innerlich aufeinander bezogen sind, einander entsprechen, ebenbürtig und gleichberechtigt sind.

Weil aber nun einmal die Männer diesen Text gerne zu ihrem Vorteil auslegten, das heißt die Vormachtstellung des Mannes mit seiner Hilfe begründeten, hat die spätere Erzählung dasselbe nochmals anders formuliert. Die bedingungslose Gleichberechtigung von Männern und Frauen wird also nicht erst in unserem Grundgesetz (Art. 3) festgeschrieben. Sie steht schon als Forderung am Anfang der Bibel, vor 2500 Jahren!

Den mythischen Stil insbesondere der älteren Erzählung (2,4b-2,25) verrät auch das eigenwillige Spiel mit den Namen. Du wirst es bemerkt haben:

Der Name „Adam" taucht erst am Ende in Vers 25 auf. Die Frau hat hier noch keinen Namen, sie erhält ihn erst im nächsten Kapitel (3,20). In der ersten Schöpfungsgeschichte ist auch nur vom „Menschen" die Rede, nicht von Adam und Eva. Beides sind nämlich keine Namen wie unsere Namen!

Sie bezeichnen keine konkrete Einzelperson, sondern drücken die Eigenart dieser Gestalten aus. Adam (das ist hebräisch) soll als Name mit Absicht ähnlich klingen wie der Ackerboden, der „adamáh" heißt. Denn aus der Erde, dem Ackerboden formt Gott den Menschen (2,7). Insofern wäre es vielleicht treffender (und weniger irreführend) vom Menschen als dem „Erdling" zu sprechen. Alle Menschen sind Erdlinge. Auf diese Weise könnten wir uns in der Geschichte leichter wiedererkennen. Gleiches gilt für den weiblichen Namen. Eva bedeutet „Leben" oder „Mutter aller Lebenden".

Nicht zwei mutmaßliche Menschengestalten aus vorgeschichtlicher Zeit spielen also die Hauptrollen in diesem Stück. Die Geschichte benutzt sie nur stellvertretend für uns. Adam und Eva: das bist Du, das bin ich.

Übrigens finde ich dieses Bild von einem ersten Menschenpaar, von dem wir alle abstammen, immer noch eine großartige Idee. Denn damit sagt die Bibel: alle Menschen sind Geschwister! Wenn dieser Mythos also dazu dient, Frieden zwischen den Völkern zu stiften, weil sie sich endlich als eine große Familie betrachten können, dann hat er seinen Sinn erfüllt. Diese Vertreterrolle wird im anschließenden Kapitel 3 noch deutlicher erkennbar. Schlag einmal nach!

Direkt nach der grandiosen Erschaffung erzählt die Geschichte davon, wie die Menschen sich selber das paradiesische Leben verspielen, indem sie das machen, was Gott ihnen aus gutem Grund untersagt hat. Dabei geht es in dem Motiv vom „Sündenfall" lediglich darum, dass uns Menschen Grenzen gesetzt sind. Wir sollen nicht alles tun, was wir tun können, sondern unseren Hunger nach Macht und Wissen im Zaum halten:

Mit den eigenen Grenzen leben lernen und damit, dass wir nicht alle Rätsel der Welt zu entschleiern vermögen. Manches muss und darf Geheimnis bleiben. Ein Zuwiderhandeln könnte Folgen heraufbeschwören, die wir nicht mehr im Griff haben.

Auch in den folgenden Kapiteln geht es der Bibel immer um sehr typisch menschliche Angelegenheiten (Geschwisterneid, Hass, Schuld, Betrug, Sehnsucht, Verrat usw.). Mit dem Mittel des Erzählens wird den Lesern ein oft schonungsloser Spiegel vorgehalten, in dem sie sich (wir uns!) wiedererkennen sollen - und können, wenn man eben recht zu lesen versteht!

Was ist nun aber, so wirst Du vielleicht jetzt fragen, hinter all den Widersprüchen das gemeinsame „Glaubensbekenntnis" der beiden biblischen Schöpfungsgeschichten? Was ergibt sich „alternativ" zur Naturwissenschaft als Position der Bibel?

Lass es mich kurz zusammenfassen. Der biblische Glaube sieht die Sache so:

* Die Welt ist nicht das Ergebnis eines blinden Zufalls, sondern hat einen Schöpfer, der will, dass alles existiert, blüht und gedeiht.
* Die gesamte Schöpfung ist ein Geschenk, für das wir Verantwortung tragen.
* Alle Lebewesen sind als Geschöpfe aus dem gleichen „Stoff", dem „Ackerboden" gemacht, also miteinander verwandt.
* Der Mensch ist ein Teil der Natur, doch unterscheidet er sich in seiner Art von den anderen Lebewesen. Er kann abstrakt denken und verfügt über eine hochentwickelte Sprache. Dadurch steht er in einer besonderen Beziehung zu Gott. (Daraus leiten sich letztlich die Personenwürde jedes

Einzelnen und die Menschenrechte ab!) Er lebt „als Mann und Frau" in gleichberechtigter Gemeinschaft.

Das scheint mir das Wichtigste zu sein, was sich in der gebotenen Kürze zum Thema sagen lässt. Es soll dazu beitragen, Dich die biblischen Texte in einem etwas anderen Licht sehen zu lassen und sie als sinnvolle und notwendige Ergänzung (!) zu der naturwissenschaftlichen Sichtweise zu verstehen.

Und jetzt ist wieder Zeit zum Verschnaufen!

3. Jenseits von Copperfield & Co. -
Wunder finden trotzdem statt

Du wirst ihn und andere Zauberkünstler mit ihren atemberaubenden Tricks sicher schon im Fernsehen bestaunt haben, etwa David Copperfield, Dynamo, Hans Klok oder die Ehrlich Brothers. Sie verblüffen die Zuschauer immer wieder neu durch außergewöhnliche Darbietungen: sie schweben frei im Raum, fliegen durch den Saal, lassen sich zersägen, lösen etwa einen Eisenbahnwagon in Luft auf, gehen durch dicke Mauern, entweichen aus verschlossenen Tresoren und tauchen überall da auf, wo sie eigentlich gar nicht sein können. Da bleibt manch einem buchstäblich die Spucke weg. Zu gerne wüsste man ja, wie sie das bloß gemacht haben.

Jeder dieser Zauberkünstler ist ein Illusionist, das heißt er spielt mit unserer Wahrnehmung. Er lässt uns bestimmte Dinge sehen und andere eben nicht. Dadurch erreicht er *den* optischen Effekt beim Zuschauer, den er haben möchte. Die Illusion ist perfekt. Unsere Augen melden uns etwas, von dem unser Kopf genau weiß, dass es so gar nicht sein kann. Denn auch dieser begabte Zauberer ist nicht in der Lage, mit einem Fingerschnippen die Naturgesetze aufzuheben, Materielles urplötzlich entstehen oder im Nichts verschwinden zu lassen.
Mit seinem besonderen Wissen um die Lücken und Schwächen unserer Sinneswahrnehmungen vermittelt er uns lediglich den Eindruck, dass es so sei. Darin liegt der Trick. Und wir *wissen*, dass es einer ist.

Aber stell Dir einmal vor, er würde seine Kunststücke nicht heute, sondern vor 2000 Jahren vorgeführt haben! Was hätten die Menschen jener Tage dazu gesagt? Was hätten sie über den „Zauberer" gedacht?

Meinst Du nicht, sie würden das gerade Erlebte als ein Wunder bezeichnet haben? Sie wären dem „Wundertäter" vermutlich mit einer Mischung aus Angst und Respekt begegnet.

Noch stärker wäre aber wohl der Impuls gewesen, ihn wegen all ihrer bisher unerfüllten Wünsche und Hoffnungen anzusprechen, ihm sämtliche seelischen und körperlichen Beschwerden vorzutragen, von denen sie niemand sonst zu befreien vermochte.

Darin unterscheiden sich die Menschen von damals und heute kaum. In unseren Tagen treten wie zu allen Zeiten nicht wenige Wunderheiler auf, die meistens mehr versprechen als sie halten können. Vor allem wissen sie, dass sich mit den allzu menschlichen Nöten immer wieder gute Geschäfte machen lassen.

Dabei möchte ich hier nicht pauschal alle ungewöhnlichen Behandlungsmethoden als Scharlatanerie hinstellen. Dafür wissen wir heute immer noch zu wenig über die höchst komplizierten Abläufe in unserem Körper, über langfristige Umwelteinflüsse, über die Ursachen mancher Krankheiten usw. Ständig wird weiter geforscht, entdeckt, gelernt und ausprobiert. Altes Wissen wird wiederentdeckt und durch die engeren Kontakte zu anderen Völkern und Kulturen werden neue

Kenntnisse dazugewonnen. Nicht selten wurde anfangs abgelehnt oder belächelt, was später allgemeine Anerkennung fand.

Weder die sogenannten Wunderheiler sind also eine Neuheit, noch die Bezeichnung eines ungewöhnlichen Ereignisses als Wunder. Wir gebrauchen das Wort im Alltag sogar recht oft:

* Wir *wundern* uns über jemanden.
* Das Essen schmeckt uns ganz *wunderbar.*
* Ein neues Kleid finden wir einfach *wundervoll.*
* Eine bestimmte Person halten wir für etwas *wunderlich.*
* Am Kiosk kaufen wir uns eine *Wundertüte.*
* Einen General hören wir von einer neuen *Wunderwaffe* schwärmen.
* Einem Schwerkranken kann scheinbar nur noch ein *Wunder* helfen.
* Den Unfall hat der Fahrer wie durch ein *Wunder* überlebt. usw.

Wenn Du einmal bewusst darauf achtest, wirst Du Dich wundern, wie häufig das Wort in der Zeitung auftaucht oder auch besungen wird.

Sei ehrlich! Hast Du nicht auch schon auf ein Wunder gehofft - in einer ausweglosen Situation, als nichts und niemand sonst mehr helfen konnte? Und was geschah?

Solange man nicht nachfragt, scheint jeder irgendwie zu wissen, was gemeint ist, wenn von einem Wunder gesprochen wird. Aber wenn man erst einmal nachfragt, beginnt das große Stottern.

Was würdest Du spontan antworten?

Das Wörterbuch erklärt uns, ein Wunder sei

- eine außergewöhnliche Erscheinung,
- ein Vorgang, der den normalen Erfahrungen und den Naturgesetzen widerspricht,
- ein Ereignis, das übliche Maßstäbe sprengt,
- ein Geschehen, das Staunen und Furcht hervorruft,
- für einen religiösen Menschen ein Zeichen für die Macht Gottes, das als Wohltat oder auch als Strafe gedeutet wird.

An den Stichpunkten, die das Wörterbuch nennt, stört mich zweierlei: Einerseits bleiben diese Umschreibungen viel zu grob und rühren bestenfalls an der Außenseite der Sache.

Was ich aber viel bedenklicher finde ist die Richtung, in die das Denken durch solch eine Definition gelenkt wird:

- Was ist für wen schon eine „außergewöhnliche Erscheinung"?
- Wer bestimmt denn die „üblichen Maßstäbe"?
- Was versetzt, z. B. Dich, in „Staunen und Furcht"?
- Wo haben „normale Erfahrungen" ihre Grenze?

Auch die scheinbare Durchbrechung der Naturgesetze hilft nicht viel weiter. Dieses Kriterium ist auch nur das Eingeständnis des Nichtwissens. Zumal hat das, was da als Wunder bezeichnet wird, am wenigsten mit irgendwelchen naturwissenschaftlichen Tatsachen zu tun. Was da geschehen ist, behält natürlich seinen Sonderstatus. Aber nicht so sehr im Sinne einer *objektiven Tatsache*, die man nur genau genug untersuchen und überprüfen müsste, um Klarheit zu schaffen. Gerade auf diesem Weg wird überhaupt nichts klar. Das große Fragezeichen bleibt.

Das Besondere, das Wundervolle des Ereignisses, liegt vor allem in der Sichtweise dessen, der es erlebt hat. Ein Wunder ist primär etwas ganz Subjektives, etwas, das sich *für mich* so ereignet hat. *Ich* erlebe es als Wunder! *In meinen Augen* sind diese oder jene Veränderung, für die ich keine "normale" logische Erklärung finden kann, ein Wunder. Für den anderen, der daneben gestanden hat, ist es eventuell gar keines.

Denn er hat nicht mit meinen Augen gesehen, nicht mit meinen Ohren gehört. Dieselbe Sache ist für ihn vielleicht absolut normal - oder höchstens ein Achselzucken wert: „... klar, ist schon irgendwie interessant, aber...", während ich deswegen völlig aus dem Häuschen bin.

Im Nachhinein kann ich nur noch mit vielen Allerweltsworten, die ich versuche zum Glänzen zu bringen, von meinem Erlebnis *erzählen.* Wenn ich es dabei schaffe, das Fantastische, das mir passiert ist, so zündend in Worte zu fassen, dass mein Zuhörer geneigt ist, es mit dem tollsten seiner Erlebnisse gefühlsmäßig zu vergleichen, dann ist von meinem Wunder-Erlebnis vielleicht eine Ahnung rübergekommen.

Als eine gewisse Korrektur zu den erwähnten Lexikon-Definitionen werden nun die drei Elemente klarer erkennbar, die mir zum Verstehen eines Wunders viel wichtiger erscheinen:

1. Es ist vor allem ein *subjektives Erlebnis*, kein äußerlicher, allgemein beobachtbarer und fotografierbarer Vorgang.
2. Dieses Erlebnis hängt wesentlich von der eigenen *Offenheit*, *Bereitschaft* und *Sensibilität* ab.
3. Als außergewöhnliches Ereignis lässt es sich nicht durch die äußeren Zusammenhänge befriedigend erklären, sondern wird im Rahmen der eigenen (oder der allgemein verbreiteten) Weltanschauung *gedeutet.*
4. Diese Deutung geschieht vorwiegend in den *religiösen* Vor-stellungen der jeweiligen Kultur.

In dieser Hinsicht erhalten dann insbesondere die Wundergeschichten aus dem Neuen Testament einen anderen Klang und Geschmack. Ihnen ergeht es nämlich genauso wie der Erzählung von Adam und Eva. In die Texte wird viel hineingelesen, was nicht hinein gehört und sie werden mit ebenso falschen Fragen zugeschüttet, die einem nur Knoten ins Gehirn drehen.

Wichtig ist es in der Tat auch hier zu wissen, dass wir über die Wundertaten von Jesus ausschließlich überlieferte *Texte* besitzen.

Und diese Wundergeschichten wollen etwas ganz Bestimmtes erzählen. Sie dienen allen vier Evangelisten als anschauliche und effektvolle Beispiele für ihre Erzähl*absichten*: Jesus als Erlöser, Messias und Sohn Gottes zu verkünden.

Sämtliche Schriften des Neuen Testamentes wurden ja erst Jahrzehnte nach Jesu Tod niedergeschrieben. Schon darum ist das rückblickende Erzählen der Evangelien nicht zuerst an objektiven Fakten und Einzelheiten interessiert.

Sie sind vielmehr umfangreich und lebensnah ausformulierte Glaubensbekenntnisse.

Wie schon bei unserem Blick in die Schöpfungsgeschichten am Anfang der Bibel gilt folglich auch hier: diese Texte sind *keine Berichte*, sie geben nicht einfach nur beschreibend wieder, was da oder dort wirklich passiert sei. Sie erzählen über die Ebene von Fakten und Tatsachen hinaus.

Also ganz platt zu fragen, ob das wirklich so gewesen sei, dass dieser Blinde wieder sehen und jener Gelähmte durch den wundersamen Kontakt mit Jesus schließlich wieder laufen konnte, geht an der Sache bzw. am Sinn des Neuen Testamentes völlig vorbei.

Die Evangelisten benutzten für ihre Zwecke die sprachlichen Möglichkeiten ihrer Zeit, genau wie es die Verfasser des Alten Testamentes getan hatten. Es wird in Gleichnissen erzählt, in Symbolen und Metaphern zur Sprache gebracht, was den damaligen Hörern und Lesern mitgeteilt werden sollte. Auf die erzählerischen Mittel und die dabei verwendeten Motive kommt es an. Ihnen müssen wir auf die Spur kommen. Dazu brauchen wir offene Augen und ein reichliches Maß an Einfühlungsvermögen in die Personen und Handlungen dieser Geschichten.

Schauen wir uns das also einmal am Beispiel einer Blindenheilung an, die uns der Evangelist Markus (Mk 10,46-52) erzählt:

46 Sie kamen dann nach Jericho; und als er mit seinen Jüngern und einer großen Volksmenge aus Jericho hinauszog, saß der Sohn des Timäus, Bartimäus, ein blinder Bettler, am Wege.
47 Als dieser hörte, es sei Jesus von Nazareth, begann er laut zu rufen: »Sohn Davids, Jesus, erbarme dich meiner!«
48 Viele riefen ihm drohend zu, er solle still sein; doch er rief nur noch lauter: »Sohn Davids, erbarme dich meiner!«
49 Da blieb Jesus stehen und sagte: »Ruft ihn her!« So riefen sie denn den Blinden und sagten zu ihm: »Sei guten Mutes, stehe auf: er ruft dich!«
50 Da warf er seinen Mantel ab, sprang auf und kam zu Jesus.
51 Dieser redete ihn mit den Worten an: »Was wünschest du von mir?« Der Blinde antwortete ihm: »Rabbuni (d.h. verehrter oder lieber Meister), ich möchte sehen können!«

52 Jesus sagte zu ihm: »Gehe hin, dein Glaube hat dich gerettet (oder: dir Heilung verschafft).« Da konnte er augenblicklich sehen und schloß sich an Jesus auf der Wanderung an.
(Übersetzung: Hermann Menge)

Die Begebenheit wird recht kurz und bündig erzählt. Für unsere verwöhnten Ohren wohl *zu* kurz. Jeder andere Schriftsteller würde sie mühelos über viele Seiten hin ausbreiten. Die Evangelisten jedoch präsentieren uns durchgehend hoch verdichtete Geschichten. Sie provozieren damit geradezu unsere Fantasie.

Wir sollen in die knappe Szene eine gute Portion eigener Gedanken und Gefühle *hinein*tragen, um möglichst viel von dem *heraus*zuhören, was in den wenigen Sätzen verborgen liegt. Um was geht es also? Über *wen* wird *was* und *wozu* erzählt?

Die Hauptrolle in diesem Ausschnitt spielt der blinde Bettler. Damit wird schon gleich zu Beginn die doppelte Last seines Lebens benannt. Weil er blind ist, kann er seinen Lebensunterhalt nicht selbst verdienen. Er ist als Bettler rundum abhängig von anderen Menschen. Was er hat, ist das, was sie ihm zukommen lassen. Das ist aber nicht nur ein entbehrliches Geldstück, das ihm einer in die Schale wirft oder ein Stück Brot, das jemand mit ihm teilt. Sein gesamtes Dasein ist weithin durch andere geprägt und bestimmt. Sie sagen ihm, wo er sich zum Betteln hinsetzen darf: an den Straßenrand, am Ortsausgang. Sie bestimmen durch ihr Geben, was und wieviel er zu essen hat.

Sie haben ganz allgemein seine Rolle im Leben und in ihrer Gesellschaft definiert: als abhängig, unselbstständig und fremdbestimmt.

Was sein Leben jedoch zu einer wirklichen Tragödie macht, ist der Umstand, dass das nicht allein nur seine äußere Situation beschreibt, sondern auch sein Innenleben. Wie er sich fühlt, wie er über sich und sein Leben denkt, entspricht ganz dem, was die Menschen um ihn herum zu ihm und über ihn sagen. Sein Bewusstsein und sein Selbstwertgefühl sind das eines Bettlers.

Das ist so, als würde man einem Kind andauernd einreden, es sei beispielsweise zu dumm für die Mathematik, zu untalentiert zum Malen oder tauge wegen seiner „zwei linken Hände" zu keiner handwerklichen Tätigkeit.

Wenn es diese Einschätzung nur oft genug zu hören bekommt und schlucken muss, wird es sie irgendwann für wahr halten und danach sein weiteres Leben ausrichten. Ein solches Einreden gleicht einer Art Bann oder Fluch, einem erstickenden und verdunkelnden Schleier, der über dieses Menschenleben geworfen wird. Es wird seine Wirkung nicht verfehlen. Darunter können keine Lebensfreude und keine Zuversicht mehr gedeihen.

Wie wenig er ein eigenständiger Mensch ist, zeigt sich schon in dem Namen, mit dem er uns vorgestellt wird: als der Sohn von Timäus. Die Silbe „Bar" bedeutet lediglich „Sohn von". Sein Name ist daher gar kein richtiger individueller Name, er drückt nur nochmals aus, wie verschwindend gering die Eigenanteile an seiner Person sind. Er vegetiert stets im Schatten anderer.

Aber tief in ihm drin weiß er um seine Situation, um die Zäune, die ihn umstellen, und die Fesseln, die ihn lahmlegen. Denn da glüht offenbar noch ein kleiner Rest von Sehnsucht in ihm, ein Fünkchen des großen Traums von einem freien und guten Leben.

Als er dann von diesem Mann aus Nazaret hört, von dem überall so unglaubliche Dinge berichtet werden, nimmt er all seinen Mut, seinen noch spärlich vorhandenen Lebenswillen zusammen und spricht ihn voller Hoffnung an.

Kaum aber zeigt er diesen ungewohnten Ansatz von Eigeninitiative, wird er gleich wieder in seine alte Rolle zurückgedrängt. Als einer, der (nach religiöser Überzeugung der Menge) von Gott mit Blindheit gestraft wurde, hat er hier nichts zu melden. „Für so einen wie Dich ist der lang erwartete Messias, der Sohn Davids, nicht zu sprechen", kann man sie zwischen den Zeilen zornig schreien hören.

Diesmal aber lässt er sich nicht wieder mundtot machen, nicht noch einmal unterbuttern und wegschicken. Das ist vielleicht seine letzte Chance von der Verliererstraße runter zu kommen, aus diesem verpfuschten Leben noch etwas zu machen. Jetzt oder nie!

Er schreit so laut, dass er nicht mehr überhört werden kann. Und er erreicht endlich sein Ziel.

Dass Jesus ihn rufen lässt, macht die eben noch wütenden Zuschauer plötzlich freundlich und hilfsbereit. Nicht mehr „Sei still und hau ab!", sondern „Hab Mut und steh auf!". Welche Wandlungen!

Bartimäus steht nun vor Jesus, der ja wohl erkennen muss, was dieser Mann für ein Problem hat. Doch Markus lässt Jesus jetzt nicht sofort durch ein Machtwort oder durch eine Handauflegung die Blindheit zum Verschwinden bringen. Weit gefehlt. Er stellt dem Bettler die scheinbar dümmste und überflüssigste Frage, die in diesem Moment überhaupt denkbar ist. Als wenn sich nicht jeder an drei Fingern abzählen könnte, was Bartimäus sich wohl am sehnlichsten wünschen wird.

Doch Jesus scheint das eigentliche Dilemma dieses Mannes klar genug erfasst zu haben. Er merkt der Gestalt, die wie ein flehendes Fragezeichen vor ihm steht, die offene Wunde ihrer Seele an: nämlich für sich und andere keinerlei Wert und Bedeutung zu haben. Sich als Null zu fühlen, als nutzlose Randerscheinung, die sich selber nichts mehr zutraut und nur noch verschämt den Blick senkt und die Augen schließt. In diese Dunkelheit auf Dauer abtauchen, nichts mehr sehen und nichts mehr leiden müssen.

Genau in diese Dunkelheit stößt Jesus mit seiner überflüssig wirkenden Frage: Er möchte, dass Bartimäus *selber* sagt, was er will. Dieser Mensch, der bisher meist durch fremde Stimmen herumkommandiert wurde, soll sich hier und jetzt selber wichtig und ernst nehmen.

Er soll einmal ganz bewusst und stolz „ich" sagen und erfahren, dass jemand ihm zuhört, ihn anhört und auf seine Wünsche eingeht. Das möchte ihm Jesus vermitteln. - Ein kleines Licht am Ende des Tunnels.

Der schließlich ausgesprochene Wunsch, wieder sehen zu können, meint also auch und vor allem:

- Ich möchte endlich mein Leben selber in die Hand nehmen,
- selber herausfinden, was ich kann und was nicht,
- meinen eigenen Ideen nachgehen können,
- mir selber etwas zutrauen dürfen,
- erkennen, wer und was ich für mich selber bin,
- meinen Weg und Platz in dieser Welt selber festlegen,
- meinen eigenen Glauben, an mich, die Welt und Gott entdecken und gestalten,
- einfach ich selber sein und mich so wie ich bin für wertvoll halten dürfen, statt nur ein Spielball anderer zu sein.

An dieser Stelle fällt vielleicht erst auf, dass Jesus außer zuzuhören gar nichts tut! Keine „magische" Berührung, an der viele gerne das Wunder festmachen. Nichts dergleichen.

Was an wundersamer Veränderung möglich war, ist bereits passiert! Jesus erklärt sogar den Grund: *„Dein Glaube* hat dir geholfen". Allein dadurch, dass Bartimäus sich nicht total den Verfügungen und Sichtweisen anderer Menschen ausgeliefert hat, sondern aus dem kümmerlichen Rest von Hoffnung noch den Mut zur Veränderung gewinnt - und dies so unbändig *will*, wie noch nichts in seinem Leben; weil er sich nicht selber aufgibt, sondern noch (oder wieder) an ein anderes als das Bettlerleben zu glauben wagt: Darin bestärkt ihn Jesus in diesem kurzen Moment vollkommener Aufmerksamkeit.

Hier liegt auch das eigentliche Wunder dieser Heilung. Die Begegnung mit Jesus wird für Bartimäus zu einer entscheidenden Konfrontation mit sich selbst. Es steht ihm jetzt glasklar vor Augen: So kann und will ich nicht weitermachen! Irgendwie war für diesen „Knackpunkt" die Nähe des Mannes aus Nazaret nötig. Von ihm ging etwas aus, das ganz unerwartet und doch so spürbar die Kraft für einen Neuanfang vermittelte.

Mehr hätte Bartimäus über das Wie und Woher dieser Lebenswende vermutlich auch nicht erklären können. Es war etwas in ihm und mit ihm geschehen - und das hatte mit Jesus zu tun.

Er lebte nun mit einer neuen, eigenen Perspektive, die ihm keiner mehr nehmen konnte. Sie sättigte ihn mehr als alles, was ihm bisher zum Überleben in seine Schale gelegt worden war. Er konnte jetzt sogar mehr sehen als die, deren Augen gesund waren. Sein Auge war seit jener Begegnung mehr auf die wesentlichen Dinge des Lebens gerichtet. Für ihn gab es anderes zu sehen, obwohl er blind war. Das Blindsein war nicht mehr sein Problem.

Im Vergleich zu dem, was er jetzt viel bewusster und deutlicher wahrnahm, vermochten die „Sehenden" oft das wirklich Wichtige gar nicht zu erkennen.

Was nützte ihnen also ihr Augenlicht, wenn sie trotzdem nicht richtig sehen konnten? Der blinde Bettler jedenfalls sah, was los war. Auch zu betteln hatte er bald nicht mehr nötig.

So, scheint mir, lässt sich diese Geschichte auch lesen.

Kannst Du noch weitere Parallelen zu unserer heutigen Lebenswelt entdecken? Findest du vielleicht sogar etwas von Dir in dieser Geschichte wieder?

Ich möchte Dir zum Schluss - quasi für einen eigenen Lese- und Deutungsversuch - noch ein zweites Beispiel mitgeben. Es geht um ein junges Mädchen, das von Jesus wieder zum Leben erweckt wird.

Als Klettergerüst für Deinen eigenen „Entschlüsselungsversuch" will ich Dir lediglich ein paar Fragen mit auf den Weg geben.

Doch zuerst einmal die Begebenheit, wie Markus (Mk 5,35-43) sie aufgeschrieben hat:

35 Während er noch redete, kamen Leute aus dem Hause des Synagogenvorstehers mit der Meldung: »Deine Tochter ist gestorben: was bemühst du den Meister noch?«

36 Jesus aber ließ die Nachricht, die da gemeldet wurde, unbeachtet und sagte zu dem Synagogenvorsteher: »Fürchte dich nicht, glaube nur!«

37 Und er ließ niemand mit sich gehen außer Petrus, Jakobus und Johannes, den Bruders des Jakobus.

38 So kamen sie zum Hause des Synagogenvorstehers, wo er das Getümmel wahrnahm und wie sie weinten und laut wehklagten.

39 Als er dann eingetreten war, sagte er zu den Leuten: »Wozu lärmt und weint ihr? Das Kind ist nicht tot, sondern schläft nur!«

40 Da verlachten sie ihn. Er aber entfernte alle aus dem Hause, nahm nur den Vater des Kindes nebst der Mutter und seine Jünger, die ihn begleiteten, mit sich und ging (in das Zimmer) hinein, wo das Kind lag.

41 Dann faßte er das Kind bei der Hand und sagte zu ihm: »Talitha kumi!«, was übersetzt heißt: »Mädchen, ich sage dir: stehe auf!«

42 Da stand das Mädchen sogleich auf und ging umher; denn sie war zwölf Jahre alt. Da gerieten sie sofort vor Staunen ganz außer sich.

43 Er gebot ihnen dann ernstlich, niemand solle etwas von dem Geschehenen erfahren, und ordnete an, man möge ihr zu essen geben.
(Übersetzung: Hermann Menge)

Soweit der Text. Nun zu dem angekündigten Klettergerüst:

- Wie lebt wohl dieses zwölfjährige, in der Pubertät stehende Mädchen, wenn der Vater Synagogenvorsteher ist, also ein höheres Amt in der „Kirche" bekleidet?
- Wie wirkt sich die berufliche Aufgabe des Vaters auf die Familie aus?
- Welche Vorteile und auch Nachteile sind damit gerade für die Tochter verbunden?
- Wie lebt es sich als (eventuell einzige) Tochter, wenn in Religion und Gesellschaft eindeutig die Männer bevorzugt werden?
- Was kann dann hier das „Sterben" des Mädchens bedeuten (denn um den biologischen Tod geht es dabei offensichtlich nicht)?
- Warum schickt Jesus bis auf seine Begleiter und die Eltern (!) alle Leute hinaus?
- Was geschieht da eigentlich zwischen Jesus und dem Mädchen?
- Worin liegt hier das „Wunder"?
- Wird sich nachher in dieser Familie etwas verändert haben?

Nur Mut! Versuche auch in diesem Fall ein wenig in die Geschichte hineinzukriechen, um sie wirklich von innen her zu verstehen. Du kannst dabei einiges über die biblischen Wunder und über Jesus entdecken. Vielleicht auch über das Leben - und Dich selbst.

Mich würde es nicht wundern.

4. Ohne Sex schwanger - Von Jungfrauen, Erlösern und anderen Prominenten

Es war einmal in Schottland. Dort lebte ein Schaf, das hatte drei Mütter, aber keinen Vater. Und das kam so:

Von seiner ersten Mutter, der Gen-Mutter, waren Zellen ihres Euters genommen worden. Diese Zellen wurden mit Eizellen ihrer zweiten, der Ei-Mutter, nach einer bestimmten Rezeptur verschmolzen. Diese neu gemixte Eizelle wurde dann ihrer dritten, der Leih-Mutter, in die Gebärmutter eingepflanzt. Dort wurde unser kleines Schaf liebevoll ausgetragen. Und als es dann geboren war, siehe, da war es eine vollständige Kopie seiner ersten Mutter. Alle jubelten und gaben ihm den Namen Dolly. Es wurde in der ganzen Welt berühmt, denn es war das erste geklonte Schaf auf diesem Planeten!

Märchenhaft? Nein, seit vielen Jahren Realität! Die Meldung von diesem gentechnischen Durchbruch ging Anfang 1997 um den Globus und verschärfte nochmals den schon seit langem geführten Streit um die Chancen und Risiken der Gentechnik. Wenn diese Möglichkeit nun bestand, würden dann nicht auch Klonierungen von Menschen die Folge sein? Wäre das erlaubt und sinnvoll?

Eine andere Überlegung malte schon aus, dass in Zukunft die Männer zur Fortpflanzung einfach nicht mehr benötigt würden. Frauen könnten sich in diesem Falle ihren Nachwuchs nach Wunsch genetisch im Labor zurechtbasteln lassen. - „Schöne" neue Welt!

Wie dem auch sei, nicht die Gentechnik ist der Knoten, den ich mit Dir ein wenig entwirren möchte, sondern die Religion.

In der Bibel scheint es ja einen ähnlichen Fall zu geben: eine Frau bringt ein Kind zur Welt, ohne je mit einem Mann sexuellen Kontakt gehabt zu haben. Die Rede ist natürlich von Maria und Jesus, von der sogenannten „Jungfrauengeburt".

Für uns heute, die wir sexuell etwas aufgeklärter sind und in Sachen Fortpflanzung eine wesentlich nüchternere Sprache sprechen, ist diese Passage des christlichen Glaubens-bekenntnisses schon eine echte Zumutung. Jedenfalls, wenn man die Aussage rein biologisch versteht. Aber so viel sei vorab schon gesagt: es ist *keine biologische*, sondern eine *religiöse* Redeweise. Was sie bedeutet, bleibt also erst noch zu klären.

Fangen wir mit dem biblischen Dokument an: Im Neuen Testament enthalten von den vier Evangelien nur zwei eine Kindheitsgeschichte von Jesus: Matthäus und Lukas. Markus und Johannes lassen gleich den erwachsenen Jesus auftreten. Bei Matthäus (Mt 1,18-25) lautet die berühmte Passage so:

18 Mit der Geburt Jesu Christi aber verhielt es sich so: Als seine Mutter Maria mit Joseph verlobt war, stellte es sich heraus, noch ehe sie zusammengekommen waren, daß sie vom heiligen Geist guter Hoffnung war.
19 Da faßte Joseph, ihr Verlobter, der ein rechtschaffener Mann war und sie nicht in üblen Ruf bringen wollte, den Entschluß, sich ohne Aufsehen zu erregen von ihr loszusagen.
20 Doch als er sich mit solchen Gedanken trug, siehe, da erschien ihm ein Engel des Herrn im Traum und sagte zu ihm: »Joseph, Sohn Davids, trage keinerlei Bedenken, Maria, deine

Verlobte, als Ehefrau zu dir zu nehmen! Denn das von ihr zu erwartende Kind stammt vom heiligen Geist.
21 Sie wird Mutter eines Sohnes werden, dem du den Namen Jesus geben sollst; denn er ist es, der sein Volk von ihren Sünden erretten wird.« (Ps 130,8)
22 Dies alles ist aber geschehen, damit das Wort erfüllt würde, das der Herr durch den Propheten gesprochen hat, der da sagt (Jes 7,14):
23 »Siehe, die Jungfrau wird guter Hoffnung und Mutter eines Sohnes werden, dem man den Namen Immanuel geben wird«, das heißt übersetzt: ›Mit uns ist Gott.‹ –
24 Als Joseph dann aus dem Schlaf erwacht war, tat er, wie der Engel des Herrn ihm geboten hatte: er nahm seine Verlobte zu sich,
25 verkehrte aber nicht ehelich mit ihr, bis sie einen Sohn geboren hatte; dem gab er den Namen Jesus.
(Übersetzung: Hermann Menge)

Lukas (Lk 1,26-35) erzählt diese Szene etwas anders:

26 Im sechsten Monat aber wurde der Engel Gabriel von Gott nach Galiläa in eine Stadt namens Nazareth gesandt
27 zu einer Jungfrau, die mit einem Manne namens Joseph aus dem Hause Davids verlobt war; die Jungfrau hieß Maria.
28 Als nun der Engel bei ihr eintrat, sagte er: »Sei gegrüßt, du Begnadete: der Herr ist mit dir!«
29 Sie wurde über diese Anrede bestürzt und überlegte, was dieser Gruß zu bedeuten habe.
30 Da sagte der Engel zu ihr: »Fürchte dich nicht, Maria, denn du hast Gnade bei Gott gefunden!
31 Wisse wohl: du wirst guter Hoffnung werden und Mutter eines Sohnes, dem du den Namen Jesus geben sollst.
32 Dieser wird groß sein und Sohn des Höchsten genannt werden, und Gott der Herr wird ihm den Thron seines Vaters David geben,
33 und er wird als König über das Haus Jakobs in alle Ewigkeit herrschen, und sein Königtum wird kein Ende haben.«
34 Da sagte Maria zu dem Engel: »Wie soll das möglich sein? Ich weiß doch von keinem Manne.«
35 Da gab der Engel ihr zur Antwort: »Heiliger Geist wird über dich kommen und die Kraft des Höchsten dich überschatten;

daher wird auch das Heilige, das (von dir) geboren werden soll, Gottes Sohn genannt werden.
(Übersetzung: Hermann Menge)

Neben allen Unterschieden betonen beide Texte gleichermaßen:

* Maria ist mit Josef verlobt, also noch nicht verheiratet, und „weiß" dementsprechend auch noch von „keinem Mann", so der biblische Ausdruck für Geschlechtsverkehr.

* Die Schwangerschaft wird durch einen Engel angekündigt.

* Als Ursache der Schwangerschaft wird der Heilige Geist genannt, d. h. Gott selber greift in das Geschehen ein.

* Das Kind soll den Namen Jesus bekommen.

* Über Jesus wird schon im Voraus festgestellt, er werde „heilig und Sohn Gottes genannt werden" oder „Sohn des Höchsten" und er werde sein Volk „von seinen Sünden erlösen".

* Seine Geburt sei die Erfüllung einer alten Weissagung des Propheten Jesaja.

Nun, welchen Reim sollen wir uns darauf machen?

Zuerst dürfen wir nicht vergessen, was wir im Zusammenhang mit den Wundergeschichten bereits herausgefunden haben. Die Evangelienschreiber bringen ihre teils sehr unterschiedlichen Jesus-Erzählungen erst mehrere Jahrzehnte nach seinem Tod zu Papier. Sie fügen zueinander, was bisher mündlich oder auch schriftlich über ihn im Umlauf ist. Sie entwerfen jeweils ein eigenes Konzept (ihre „Theologie"), in das sie die gesammelten Fundstücke einbauen.

Alle vier Evangelisten haben daher einen anderen inhaltlichen Schwerpunkt, je nach dem, was ihnen zu erzählen besonders am Herzen liegt. Eines wollen diese vier Jesus-Bücher von Matthäus, Markus, Lukas und Johannes aber jedenfalls *nicht* sein: ausschließlich historische Berichterstattungen über Jesus. In ihren Büchern werden zwar viele reale Orte und Personen genannt, doch was dort im Einzelnen geschah, darüber legen sie uns keine statistischen Fakten vor, sondern sie *erzählen*.

Sie *kommentieren* aus ihrer Sicht die überlieferten Ereignisse und *interpretieren* dabei vor allem die faszinierende Persönlichkeit sowie die religiöse und geschichtliche Bedeutung von Jesus selbst. Denn *er* ist ja der ganze Angelpunkt, um den sich ihr schriftstellerisches Bemühen dreht. Und um *ihn* geht es auch letztlich bei dieser Schwangerschaft durch den Heiligen Geist.

Wenn wir nun sagen, die Evangelien seien überwiegend Interpretationsversuche des Lebens und Wirkens Jesu, dann stellt sich natürlich die berechtigte Frage, was über das Leben von Jesus eigentlich an harten Fakten tatsächlich bekannt und gesichert ist. Eine ehrliche Antwort kann nur lauten: ziemlich wenig!

Außerhalb des Neuen Testamentes gibt es nur wenige kurze Notizen von jüdischen und römischen Geschichtsschreibern über eine neue religiöse Bewegung um einen gewissen Christus in Palästina. Aus diesen unverdächtigen Quellen können wir aber nur entnehmen:

Jesus hat gelebt, war Jude, hatte Anhänger und wurde unter dem römischen Statthalter Pontius Pilatus (wahrscheinlich am 6. April des Jahres 30) bei Jerusalem gekreuzigt.

Du wirst mir sicher zustimmen, dass das etwas wenig ist.

Aufgrund dieser dünnen Ausbeute vermag sich niemand ein genaues Bild über Jesus zu machen.

Schon gar nicht als Grundlage für den Glauben, dass durch diesen Mann Gott zu den Menschen gesprochen habe. Da also die objektiven Auskünfte aus den antiken Geschichtsbüchern nicht viel hergeben, bleiben als nutzbare Quellen allein die „subjektiven" Glaubensbekenntnisse der Evangelien übrig.

Vergleiche selber: Wer weiß von Dir am meisten und kann also am besten über Dich Auskunft geben?

a) Das Einwohnermeldeamt Deines Wohnortes
b) Deine Lehrer
c) Deine Geschwister
d) Die Leute aus der Nachbarschaft
e) Die Schulverwaltung
f) Deine Freunde
g) Der Pfarrer
h) Deine Eltern
i) Der Leiter des Supermarktes, wo Du öfters jobst
j) Der Trainer Deines Sportvereins

Du merkst es auch in diesem Zusammenhang: die vermeintlich objektiven Adressen können zwar nützliche, aber keine wesentlichen Angaben über Dich machen. Ausschließlich die subjektiv gefärbten Stellungnahmen Deiner Eltern, Freunde, Geschwister usw. ergeben zusammen ein einigermaßen stimmiges Bild von Dir.

Subjektive, persönliche Sichtweisen sind also keine minderwertigen Belege. Die heute allseits so geschätzte Objektivität ist manchmal recht nutzlos.

Über einen Menschen etwas auszusagen, womit andere wiederum etwas anfangen können, ist ohne diese subjektive Färbung gar nicht möglich. Sie enthält, wie Du an deinem eigenen Beispiel sehen kannst, am Ende sogar viel mehr „richtige" Aussagen als das umfangreichste, aber rein äußerlich bleibende Datenmaterial.

Nur ein Mensch kann einen anderen Menschen angemessen verstehen und beschreiben. Das braucht viel Zeit und vor allem Nähe. Erst dann kann man über den anderen wirklich Wesentliches erfahren. Erst dann *zeigt sich* sein Wesen. Dabei spielt eben nicht nur der Kopf eine Rolle. Und was für uns heute gilt, traf auch schon vor zweitausend Jahren zu.

Doch zurück zu Matthäus und Lukas. Sie erzählen, Jesus sei quasi vom Heiligen Geist gezeugt und dann von einer Jungfrau geboren worden.

Mit diesem Erzählmotiv stehen sie in einer langen und alten Tradition. Von vielen Herrschern und Königen in frühgeschichtlicher Zeit wurden derartige Geburts- oder Abstammungsgeschichten erzählt.

Sowohl im Alten Orient wie in Ägypten war es ein beliebtes Motiv, die überirdische Bedeutung eines Herrschers zu unterstreichen. Insbesondere wenn man nachträglich die Lebensgeschichte eines Religionsstifters aufzeichnete, wurden sein außerordentliches Leben, seine Heiligkeit und seine unbezweifelbare, göttliche Autorität schon durch seine Herkunft unmissverständlich zum Ausdruck gebracht.

So erzählt eine buddhistische Legende, der Erleuchtete sei in Gestalt eines weißen Elefanten in die Seite seiner Mutter eingedrungen. Er habe sich seine Eltern sehr genau ausgewählt und sei nicht von seinem Vater gezeugt worden. Ähnliche Beispiele ließen sich noch dutzendfach beibringen.

Im Blick auf Jesus haben wir es mit einer vergleichbaren Situation zu tun. Auch in ihm sieht der Glaube mehr als nur einen normalen Menschen.

Es geht sogar darum, zwischen dem konkreten Menschen Jesus und dem ansonsten fernen, geheimnisvollen und unbegreiflichen Gott eine Beziehung auszudrücken, die nicht mehr zu überbieten ist. Dieser Mann aus Nazaret, so empfinden es seine engsten Freunde, hat zu Gott ein so inniges und vertrauensvolles Verhältnis wie sonst niemand. Er geht als Mensch so sehr in seiner Gottesbeziehung auf, dass für seine Anhänger schon die Grenzlinie zwischen seiner menschlichen Natur und - wenn man so sagen will - seinem göttlichen Wesen zu verschwimmen scheint. In späteren Lehrsätzen der Kirche wird es dann heißen „wahrer Gott und wahrer Mensch", „wesensgleich mit dem Vater", „Licht vom Licht" usw.

Auch die Bezeichnung als „Sohn Gottes" deutet in die gleiche Richtung. Dazu muss man nur ein wenig über die bunte und bilderreiche Sprache des Orients wissen.

Es kann Dir dort, damals wie heute, geschehen, dass Dich jemand, weil er dich sehr mag, seinen „Bruder" nennt. Hierzulande machen wir Unterschiede zwischen einem Kollegen, einem guten Bekannten, einem Freund und vielleicht dem „besten Freund". Die Anrede „Bruder" ist bei uns allein der biologischen Ebene der Blutsverwandtschaft vorbehalten. Im Orient sieht man das anders. Dort spielt die Qualität, also die Enge und Intensität einer Beziehung eine viel größere Rolle, so dass sie mit familiären Begriffen umschrieben wird. Du kannst folglich dort für jemand der „Bruder" sein, ohne die geringsten verwandtschaftlichen Beziehungen zu ihm zu haben.

Noch dichter und intensiver ist für den Orientalen die Beziehung zwischen einem Vater und seinem Sohn. Dieses Verhältnis ist durch keine andere zwischenmenschliche Beziehung mehr zu übertreffen. Mehr Innigkeit und Nähe sind nicht möglich und nicht vorstellbar.

Wenn wir sagen, zwei Menschen seien „ein Herz und eine Seele", so klingt vielleicht etwas davon an, was mit diesem orientalischen Vater-Sohn-Motiv gemeint ist.

Wie also sollten es die Evangelisten für ihre Zeitgenossen treffender auf den Punkt bringen als durch Verwendung einer solchen Ausdrucksweise. Die damaligen Leser und Hörer hatten dementsprechend mit solchen erzählerischen Mitteln weniger Probleme als spätere Generationen in anderen Ländern und mit anderen Sprachgewohnheiten.

Je größer die zeitliche, kulturelle und sprachliche Entfernung zu den Ursprüngen des Christentums also ist, desto mehr Übersetzungs- und Erklärungsarbeit scheint nötig zu sein, damit das Verstehen gelingt.

Aber manches lässt sich möglicherweise auch anders sagen, ohne den Sinn des Gemeinten zu verlieren. Wer sich nämlich aus lauter Angst, den Kern der Sache durch eine erneuerte Sprache nicht mehr im Griff zu haben, ganz verbissen an alte Formeln und Begriffe klammert, der wird zwangsläufig mit ihnen in Vergessenheit geraten.

Denn die Sprache ist ein lebendiges, sich wandelndes Medium. Und für den Glauben sollte das nicht weniger gelten.

Ein Glaube, der *nur* auf die überlieferten Worte, Symbole und Rituale schielt, ist innerlich schon abgestorben und wird für niemanden mehr eine wirkliche Lebenshilfe sein.

Die entgegengesetzte Richtung kann allerdings auch nicht zum Ziel führen. Ständig alles zu verändern und neue Parolen auszugeben (die faktisch kaum länger leben als die letzte Frühjahrsmode), wird genauso in einer Sackgasse enden.

Das starre Festhalten an der Tradition zerstört die innere Dynamik des Glaubens. Ein hemmungsloses Entrümpeln und Erneuern übersieht, dass alles seine begründete Vorgeschichte hat, die nicht bloß aus Fehlern und Irrtümern besteht.

Was leben und sich entwickeln soll, braucht einen ursprünglichen Impuls - quasi die Mitte oder den Kern der Sache - *und* einen entsprechenden Entfaltungsspielraum, in dem sich dieser Impuls erproben, bewähren und ausbreiten kann.

Der Ur-Impuls des christlichen Glaubens ist die Jesus-Geschichte, der Spielraum seiner Entfaltung ist unser Alltag.

Deswegen möchte ich noch auf denjenigen Titel, besser: die Funktion von Jesus zu sprechen kommen, mit der er von Anbeginn bis heute den Menschen vorgestellt wird: Jesus als der langersehnte *Erlöser*, der das Volk „von seinen Sünden erlösen" werde und letztlich „für unsere Sünden" am Kreuz gestorben sei. Sowohl Matthäus als auch Lukas heben hervor, die bei den damaligen Juden allgemein bekannte Weissagung des Propheten Jesaja sei in Jesus nun endgültig wahr geworden. Besonders Matthäus zitiert in der Rede des Engels diese Textstelle aus dem Alten Testament:

14 Darum wird der Allherr selbst euch ein Zeichen geben: Seht, die Jungfrau (oder: die junge Frau) wird guter Hoffnung werden und einen Sohn gebären, dem sie den Namen Immanuel (d.h. Gott mit uns oder bei uns) geben wird. (Jesaja 7,14)

Mit dieser Berufung auf die alte Überlieferung wird die Autorität und Bedeutung von Jesus faktisch unüberbietbar. Wenn er nämlich der erwartete Messias ist, dann sagt und tut er letztlich alles mit göttlicher Vollmacht. Gegen ihn zu sein hieße dann praktisch gegen Gott selber zu sein. Damit stand für jeden Gegner und Zweifler das eigene Seelenheil auf dem Spiel.

Die Deutung der Person Jesu als abschließende Offenbarung Gottes und als Erfüllung aller alttestamentlichen Hoffnungen hat durchaus ihre zwei Gesichter. Einerseits drückt sie eine ehrfurchtgebietende Größe und Wichtigkeit aus, die helfen möchte, den großen und geheimnisvollen Gott konkret und erfahrbar zu machen. Andererseits kann die so verstandene Einmaligkeit des Ereignisses in der gesamten Weltgeschichte, die eben keine Ausflüchte und Alternativen mehr zulässt, sehr exklusiv verstanden werden.

Das gelangt eventuell schnell in den falschen Hals und verleitet leicht zu religiös motiviertem Machtmissbrauch. Dafür gibt es in der Kirchengeschichte leider zu viele Beispiele.

Ob Jesus mit all dem, was aus seiner Person und in seinem Namen gemacht worden ist, einverstanden wäre, bleibt immer eine berechtigte Rückfrage. Dass er in der Tat *erlösend* gewirkt hat und Menschen durch ihn frei wurden von falschen Zwängen, ist eine der ganz ursprünglichen Erfahrungen, die Menschen mit ihm gemacht haben. Sie waren neben vielen anderen erstaunlichen Erlebnissen mit Jesus überhaupt erst der Grund, über ihn für die Nachwelt etwas aufzuschreiben.

In welchem Sinne er die Menschen erlöst hat? Bei der Wundergeschichte über den blinden Bartimäus habe ich das schon ein wenig zu zeigen versucht. Es hat viel mit unserer Beziehung zu uns selbst, zu den Mitmenschen und zu Gott zu tun.

Wie ist das bei Dir? An welche besondere Befreiung oder Erlösung kannst Du Dich erinnern? Hast Du schon einmal jemanden aus einer bedrückenden Situation erlöst?
Wie ging das vor sich?

Eine alte Erfahrung und Einsicht, die sich tagtäglich wiederholt, sagt uns: Du lebst nicht für Dich allein; Du bist ein Teil vom Leben Anderer und andere sind Teil Deines Lebens; gestalte diese Verknüpfung zum gegenseitigen Wohl!

Es gibt nun einmal Dinge, die ich nicht alleine tun kann. Erst recht, wenn es um mich selber geht. Dann bleibe ich darauf angewiesen, dass einer da ist, der mir hilft. Das können die kleinen, unscheinbaren Worte und Taten im Alltag sein:

* „Du hast da hinten einen Fleck auf der Jacke!"
* „Dir ist gerade ein Geldstück heruntergefallen!"
* „Deine Hose steht offen!"
* „Du hast deinen Schirm vergessen!"
* „Du hast dein Handy dort liegen lassen!"
* „Ich habe dieses Paket für dich entgegengenommen!" usw.

Es kann aber auch ein freundliches, anerkennendes Wort sein:

* „Es ist schön, Dich zu sehen!"
* „Das hast Du ganz toll gemacht!"
* „Du bist ein netter Kerl!"
* „Es ist lieb von Dir, dass Du daran gedacht hast!" usw.

Wie oft verändert allein ein Lächeln oder das Wort „Danke" eine Situation! Herzliche Worte wirken manchmal Wunder! Darüber hinaus gibt es aber auch gewichtigere Worte, an denen ungleich mehr Glück oder (wenn sie nicht gesagt werden) Unglück hängen kann. Solche Worte *müssen* mir von einem anderen gesagt werden, da ich sie mir nicht selber sagen kann - jedenfalls nicht mit der gleichen Wirkung:

* „Es ist gut, dass Du da bist!"
* „Du bist mein Freund!"
* „Ich verzeihe Dir!"
* „Ich liebe Dich!" usw.

Solche Worte, wenn sie ehrlich gemeint sind, schaffen eine ganz neue Realität, sie verändern eine Beziehung grundlegend und sprechen uns in der Tiefe unserer Seele an.

Erinnerst Du dich noch, wie es Dir erging, als du „etwas ausgefressen" und deswegen ein schlechtes Gewissen hattest, und wie Du dann aber ein „Vergiss es, Schwamm drüber!" zu hören bekamst und in den Arm genommen wurdest?

Wie wird es aber dem ergehen, dessen Schuldgefühl nicht durch ein verzeihendes Wort erträglicher gemacht wird? Wie lebt der, dem nie einer sagt, dass er ihn mag oder gar liebt? Wie muss sich jemand fühlen, der nie ein gutes Wort über sich selbst zu hören bekommt?

Ein Mangel an Anerkennung, Zuneigung und Liebe kann krank machen. Aber wo sie reichlich und dauerhaft gezeigt und verschenkt werden, dort tun sie gut und lassen die Sonne scheinen. Dort wird ein bisschen von Gott sichtbar.

Von den genannten Beispielen unserer Alltagssprache bis hin zu den „erlösenden" Worten und Taten von Jesus ist es nur ein kleiner Schritt. Wenn er sagt „Geh, dein Glaube hat dir geholfen!" oder „Steh auf, deine Sünden sind dir vergeben!", dann tut er im Grunde das Gleiche.

Sein Anliegen war immer die Heilung gestörter Beziehungen:

* Da leidet einer an Selbstüberforderung, weil er glaubt, allein durch peinlich genaues Befolgen der religiösen Vorschriften könne er bei Gott Gnade finden.

Ihm zeigt Jesus einen Weg zum gnädigeren Umgang mit sich selbst, weil Gott für ihn nämlich kein kleinlicher Buchhalter ist, der uns nur nach unseren Leistungen beurteilt.

* Ein anderer wird von seinen Nachbarn gemieden, weil er gegen die guten Sitten, das Gesetz oder die Gebote Gottes verstoßen hat. Hier konfrontiert Jesus diese „guten" Menschen mit ihrer eigenen Unzulänglichkeit und nötigt sie, vom hohen Ross ihrer moralischen Arroganz herunter zu steigen. Niemand ist schuldlos.

Und jemanden im Namen der Religion aus der Gemeinschaft auszuschließen kann für Jesus nicht im Interesse Gottes sein. Der Gott, von dem er spricht, will das Heil und die Gemeinschaft aller Menschen. Keiner soll draußen bleiben.

* Frauen leiden an ihrer Benachteiligung in der von Männern bestimmten Gesellschaft. Sie werden von vielen Männern ganz allgemein schlechter gestellt und unterdrückt. Während ihrer monatlichen Blutung und nach der Geburt eines Kindes werden sie von den antiken religiösen Traditionen des Judentums für „unrein" erklärt. Jede Berührung mit ihnen ist tabu, wenn man(n) nicht selber unrein werden will und infolgedessen nicht am Gottesdienst teilnehmen darf.

Jesus stellt sich gerade als Mann schützend vor die Frauen, stärkt ihr angeschlagenes Selbstwertgefühl und ruft besonders den Männern in Erinnerung, was am Anfang der Heiligen Schrift über das Verhältnis zwischen Frau und Mann geschrieben steht.

Da ist von Gleichwertigkeit die Rede, nicht von männlicher Vorherrschaft.

Und so geht es weiter. Immer wieder trifft Jesus auf Situationen, die von Unheil gekennzeichnet sind, auf Menschen, deren Leben erheblich beeinträchtigt ist. Größtenteils spielen die gestörten oder zerbrochenen Beziehungen zur eigenen Person, zum Nächsten und zu Gott die entscheidende Rolle.

Erst wenn diese Beziehungen sich einigermaßen im Gleichklang befinden, kann das Leben gelingen. Wenn er von diesem Ziel, dem *guten* und für alle *heilsamen* Leben spricht, umschreibt er es als „Reich Gottes". Mit vielen Gleichnissen versucht er zu verdeutlichen, was das für ihn bedeutet. Die meisten seiner Predigten und Belehrungen kreisen um nichts anderes. Vor allem seine Lebenspraxis macht er zu einem anschaulichen Modell dessen, wovon er redet. Menschen erfahren hautnah durch ihn, was es heißen kann, ein Kind Gottes zu sein, einen absoluten Wert und eine unantastbare Würde zu besitzen.

Allen, die nach menschlichen Maßstäben für eine bürgerlich-fromme Gesellschaft „out" sind, gibt er neuen Mut und die Kraft zu Widerstand und Neuanfang. Sie erfahren seine Nähe als so wohltuend, sein Reden und Handeln derart erlösend, dass sich ihnen fast von selbst der Gedanke aufdrängt, in diesem Mann sei ihnen mehr als nur ein Mensch begegnet, hier sei Gott selber irgendwie am Werke gewesen.

Die Evangelien wollen genau das: die göttliche Seite von Jesus beschreiben. Sein ganzes Leben, jede Tat und jede Äußerung von ihm, soll eine göttliche Legitimation erhalten.

Und da sein kurzes öffentliches Wirken schon so viel übermenschliche Macht und Hoheit erkennbar werden lässt, dann muss konsequenterweise sein Leben vom ersten bis zum letzten Tag von dieser unvergleichlichen Gottesnähe durchdrungen gewesen sein. Wenn er also der von Gott gesandte Erlöser sein soll, so dachten und glaubten sie, kann auch sein Eintreten in diese Welt nicht auf gewöhnliche Weise passiert sein. Als Gottes Sohn kann er nicht einfach wie jeder andere Mensch gezeugt und geboren worden sein. So muss die Erzählung (!) ihn zwangsläufig schon vor seiner Geburt mit Gott in eine enge Verbindung bringen.

Jesus wird als unmittelbar von Gott kommend, als von ihm „gezeugt" dargestellt. Nicht die Menschen selber können ihren Erlöser hervorbringen. Wenn dem so wäre, könnten wir uns wie der berühmte Baron Münchhausen selber am Haarschopf aus dem Sumpf unserer Fehler, Schwächen und Irrtümer ziehen. Die menschliche Realität sieht jedoch anders aus.

Sein Ursprung muss daher *außerhalb* der menschlichen Möglichkeiten liegen. Das erklärt auch den Auftritt von Engeln in dieser Szene. Sie sagen das, was sich Menschen nicht selber sagen können.

Das Auftreten von Jesus ist ein Zeichen von Gott, ein nachsichtiger und liebevoller Wegweiser zum besseren Leben.

Das Lebensmodell, das Jesus verkörpert, ist das Angebot Gottes an alle Menschen zur Verbesserung der Welt. Es setzt wirkliche Einsicht und ein freiwilliges Sicheinlassen voraus. Wer sich bemüht, es nicht aus den Augen zu verlieren und im Alltag praktisch danach zu handeln, der ist auf dem Weg des Glaubens. Vertrauen ist der Anfang von allem. Wie wahr!

II. Sprengstoff-Geschichten

Es geht nun darum...

* wie ansteckend manchmal der Neid und die Missgunst sein können - und dass Fairness auch anders verstanden werden kann,

* wie leicht man sich selber etwas vormacht (oder vormachen lässt) und dadurch nicht nur seine Zeit verspielt,

* wie einem das Geschlecht zur Falle (gemacht) werden kann - und wie schmerzhaft und zäh sich eine Dummheit am Leben halten kann,

* dass man(n) nie gescheit genug ist, etwas dazuzulernen und auf welch unerwartete Weise einem das passieren kann.

1. Dumm gelaufen!

Stell Dir einmal folgende Situation vor: Weil Du mal wieder dringend Dein Taschengeld aufbessern musst, suchst Du für die nächsten Ferien einen Job. Aber bei allen in Frage kommenden Firmen der Umgebung hast Du Pech. Entweder beschäftigen sie keine Schüler und Studenten mehr, oder andere waren einfach schneller als Du. Was also tun? Der letzte Strohhalm ist eine Agentur, die ganz kurzfristig Arbeitskräfte vermittelt, quasi von jetzt auf gleich. Diese Jobs sind jedoch oft nur für einen Tag. Aber was soll's. Geld muss her. Du meldest dich also bei dieser Agentur und wartest von da an auf einen Anruf, der Knete verspricht.

Tatsächlich winkt schon nach ein paar Tagen der erste Job. In einer Speditionsfirma sind unerwartet mehrere Mitarbeiter krank geworden. Ein außerordentlich großer Auftrag für einen Umzug droht zu platzen, wenn nicht genügend Hände zum Anpacken bereitstehen.

Diese Jobvermittlung ist somit auch für den Unternehmer eine nützliche Sache. Mit vier anderen Männern unterschiedlichen Alters, die ebenfalls dringend eine Arbeit suchen, stellst Du Dich am nächsten Morgen dem Chef der Firma vor. Er erklärt euch was zu tun ist, bis wann die Arbeit getan sein soll und was er euch pro Stunde dafür zahlen will.

Da es ein recht anständiger Preis ist und jeder auf das schnell verdiente Geld angewiesen zu sein scheint, gibt es erst gar kein Verhandeln und kein Gemecker.

Der Mann macht einen ehrlichen Eindruck, so dass niemand von euch fürchtet, übers Ohr gehauen zu werden.

Ihr stürzt euch also in die Arbeit. Das Hin- und Herschleppen der ungezählten schweren Kisten, Kartons und Möbelstücke ist wirkliche Knochenarbeit. Nach den ersten Stunden wird dem Chef aber langsam klar, dass dieser Umzug unmöglich bis zum Abend erledigt sein wird. Er braucht noch mehr Arbeiter für diesen Tag. Zum Glück kann ihm die Vermittlung noch ein paar Leute schicken, die gleich nach der Mittagspause eintreffen. Jetzt geht es spürbar schneller voran. Während dieser schweißtreibenden Stunden kommst Du mit den anderen immer wieder für einen kurzen Moment ins Gespräch. Du erfährst Stück für Stück ein wenig von ihren Lebensgeschichten. Mehrere sind schon seit langem arbeitslos und halten sich und ihre Familien mühsam mit solchen Jobs über Wasser. Zwei Studenten sind dabei, die sich ihr Studium auf diese Weise finanzieren müssen. Neben drei Schülern, denen es ähnlich wie Dir ergeht, sind da noch drei Ausländer, die jedoch fließend deutsch sprechen und nur von derartigen Gelegenheitsarbeiten leben.

Am Abend ist es dann endlich geschafft. Der Auftrag ist termingerecht abgeschlossen, der letzte Schweißtropfen abgewischt. Dem Gesicht des Chefs ist die Erleichterung anzumerken.

Du rechnest Dir schon aus, was Du an diesem Tag verdient haben wirst. Ein anständiges kleines Sümmchen, mit dem du schon was anfangen kannst.

Auch die Anderen zählen im Geist schon ihren Lohn. Die Kameraden, die erst am Mittag dazukamen, sind zwar auch zufrieden, dass sie heute noch etwas verdienen konnten, doch werden sie höchstens auf die Hälfte des Tageslohns kommen. Ihre gute Stimmung hält sich also in Grenzen.

Nun zieht der Chef endlich seine Brieftasche. Jeder hält erwartungsvoll die Hand auf, um den vereinbarten Lohn in Empfang zu nehmen. Und da passiert es.

Nachdem er euch von der ersten Truppe ausbezahlt hat, gibt er denen, die erst seit Mittag gearbeitet haben, doch tatsächlich den gleichen Betrag! Ihr glaubt zuerst an ein Versehen und schaut euch erstaunt und fragend an. Doch ein Irrtum ist ausgeschlossen.

Der Chef scheint das mit voller Absicht zu machen. Die von der zweiten Schicht kriegen genauso viel wie ihr, obwohl sie nur halb so lange geschafft haben. Einem Deiner Kameraden platzt schließlich der Kragen.

Er ist stinksauer und brüllt etwas von Ungerechtigkeit und Schweinerei. Andere aus eurer Gruppe stimmen ihm zu und plötzlich herrscht eine lautstarke Streiterei.

Wie wird der Chef sein merkwürdiges Verhalten wohl erklären? Haben die Früh-Arbeiter eigentlich einen berechtigten Grund zur Klage?

Ich überlasse den weiteren Verlauf Deiner eigenen Fantasie. Es sei denn, Du kennst die Geschichte schon. Sie steht nämlich im Neuen Testament. Jesus hat sie als Gleichnis erzählt - wenn auch ein bisschen anders.

Hier also zunächst seine Version aus dem Matthäus-Evangelium (Mt 20,1-16):

1 »Denn das Himmelreich ist einem menschlichen Hausherrn gleich, der frühmorgens ausging, um Arbeiter für seinen Weinberg einzustellen.

2 Nachdem er nun mit den Arbeitern einen Tagelohn von einem Denar vereinbart hatte, schickte er sie in seinen Weinberg.

3 Als er dann um die dritte Tagesstunde wieder ausging, sah er andere auf dem Marktplatz unbeschäftigt stehen

4 und sagte zu ihnen: ›Geht auch ihr in meinen Weinberg, ich will euch geben, was recht ist‹;

5 und sie gingen hin. Wiederum ging er um die sechste und um die neunte Stunde aus und machte es ebenso;

6 und als er um die elfte Stunde wieder ausging, fand er noch andere dastehen und sagte zu ihnen: ›Was steht ihr hier den ganzen Tag müßig?‹

7 Sie antworteten ihm: ›Niemand hat uns in Arbeit genommen.‹ Da sagte er zu ihnen: ›Geht auch ihr noch in den Weinberg!‹

8 Als es dann Abend geworden war, sagte der Herr des Weinbergs zu seinem Verwalter: ›Rufe die Arbeiter und zahle ihnen den Lohn aus! Fange bei den letzten an (und weiter so) bis zu den ersten!‹

9 Als nun die um die elfte Stunde Eingestellten kamen, erhielten sie jeder einen Denar.

10 Als dann die Ersten (an die Reihe) kamen, dachten sie, sie würden mehr erhalten; doch sie erhielten gleichfalls jeder nur einen Denar.

11 Als sie ihn empfangen hatten, murrten sie gegen den Hausherrn

12 und sagten: ›Diese Letzten haben nur eine einzige Stunde gearbeitet, und du hast sie uns gleichgestellt, die wir des (ganzen) Tages Last und Hitze getragen haben!‹

13 Er aber entgegnete einem von ihnen: ›Freund, ich tue dir nicht unrecht; bist du nicht um einen Denar mit mir eins geworden?

14 Nimm dein Geld und gehe! Es gefällt mir nun einmal, diesem Letzten ebensoviel zu geben wie dir.

15 Habe ich etwa nicht das Recht, mit dem, was mein ist, zu machen, was ich will? Oder siehst du neidisch dazu, daß ich wohlwollend bin?‹
16 Ebenso werden die Letzten Erste und die Ersten Letzte sein.«
(Übersetzung: Hermann Menge)

Du siehst, er verschärft den Konflikt noch. Er lässt den Gutsbesitzer gleich fünf Arbeitergruppen in den Weinberg schicken. Doch der Ausgang bleibt gleich. Die einen Arbeiter gehen enttäuscht und verbittert nach Hause, die anderen sind ganz happy und können es noch gar nicht richtig fassen, dass ihnen jemand *mehr* gegeben hat als ihnen gemäß der Absprache wirklich zustand. Mancher mag noch an einen Irrtum glauben, bei dem er der Nutznießer geworden ist.

Andere halten den Weinbergbesitzer vielleicht nur für einen guten Menschen, der ein paar kleinen Tagelöhnern mal was Gutes tun wollte. So konnten sich ihre Familien wenigstens heute Abend mal wieder sattessen. Das kam nicht alle Tage vor.

Den anderen Arbeitern, die der Meinung waren, sie hätten fairerweise mehr bekommen müssen, gingen sicher ganz andere Gedanken durch den Kopf. Sie hatten länger geschuftet, also stand ihnen auch ein höherer Lohn zu. Ihr gesunder Menschenverstand sagte ihnen, dass das nicht in Ordnung sein konnte, was der Gutsbesitzer da getan hatte. Untergrub er nicht alle rechtlichen Spielregeln über eine gerechte Lohnabsprache? Wo kämen wir denn hin, wenn jeder Unternehmer seine Arbeiter nach diesem Prinzip bezahlen würde! Da bräuchte ja keiner mehr am Morgen aufzustehen, um sich nach Arbeit umzuschauen, wenn man fürs gleiche Geld höchstens ein paar Stunden am

Nachmittag zu schaffen braucht! Das durfte einfach nicht sein! So dachten sie vermutlich - und werden sich noch lange über diese faustdicke Ungerechtigkeit aufgeregt haben.

Ist Dir aufgefallen, für welches Lohnprinzip die murrenden Arbeiter eigentlich eintreten? Nach welchem Prinzip jedoch entlohnt der Gutsbesitzer alle seine Arbeiter?

Nun, die Arbeiter, die seit dem frühen Morgen im Weinberg standen, wären ja am liebsten - entgegen *unserer* Geschichte - nach einem festen Stundenlohn bezahlt worden.

Wer also viele Stunden arbeitet, verdient auch viel. Wer nur wenige Stunden schwitzt, hat entsprechend weniger auf der Hand. Das scheint erstmal eine gerechte Regelung zu sein. Sie ist ja auch in unserer Arbeitswelt weit verbreitet. Wir sprechen dabei vom *Leistungsprinzip*. Genau das soll auch der Gutsbesitzer anwenden, verlangen die Arbeiter, die sich durch die Gleichmacherei benachteiligt fühlen. Verständlich.

Der Mann aber, der sich fast im Stundentakt immer noch mehr herumstehende Tagelöhner in seinen Weinberg geholt hat, verfährt nach einer völlig anderen Spielregel. Er betont erstmal zweierlei: Erstens hätten die Arbeiter von der ersten Schicht exakt das erhalten, was vereinbart war. Ein Grund zur Beschwerde sei also nicht gegeben. Zweitens hebt er hervor, dass es schließlich *sein* Geld ist, das er hier scheinbar so großmütig, aber unfair verteilt. Ungerechte Bezahlung oder gar Ausbeutung könne man ihm also nicht vorwerfen.

Aber diesem ungewöhnlichen Arbeitgeber geht es um mehr als einen gerechten Lohn. Er sieht nicht nur die Arbeit und ihren Preis. Er hat auch einen Blick für die Menschen, mit denen er es zu tun hat.

Sie sind allesamt Tagelöhner, haben also keinen dauerhaften Arbeitsplatz und somit auch kein festes Einkommen. Sie müssen die Jobs annehmen, die gerade angeboten werden und leben, wie man so sagt, von der Hand in den Mund. Sie stehen ganz unten auf der Leiter der Geldverdiener. Sie sind viel zu beschissen dran, um auch noch Ansprüche zu stellen oder eine dicke Lippe zu riskieren.

Die Männer, die den ganzen Tag im Weinberg waren, haben für sich und ihre Familien einen ausreichenden Tagesverdienst kassiert. Sie müssen nicht mehr hungrig zu Bett gehen.

Die später eingetroffenen Arbeiter hätten aber bei einer entsprechend anteiligen Entlohnung teils nur noch so wenig ausgezahlt bekommen, dass es zum Sterben zu viel, aber zum Leben zu wenig gewesen wäre.

Das weiß der, der sie angeheuert hat. Er kennt ihre Lebenssituation. Und genau darum gibt er ihnen den gleichen Tageslohn, obwohl sie nur einen Teil des Tages gearbeitet haben. Was er ihnen zukommen lässt, sind keine verschwenderischen Summen, sondern einfach nur das Minimum, mit dem das Überleben gesichert wird. Nicht mehr und nicht weniger. Alle sollen das Nötigste bekommen, das sie zum

Leben unbedingt brauchen. Was er hier umsetzt - und dafür heftig kritisiert wird - ist das *Bedürfnisprinzip*.

Da haben wir nun die beiden Prinzipien in Sachen Lohngerechtigkeit, die in dieser Abendstunde so engagiert aufeinanderprallen. Das eine System orientiert sich an der tatsächlichen Leistung des Arbeiters, das andere an seinen grundlegenden Bedürfnissen. Für beide Regeln gibt es gewiss plausible Gründe. Doch müssen sie sich nicht gegenseitig ausschließen.

Wer arbeitet, tut das hauptsächlich, um seinen Lebensunterhalt zu verdienen. Wenn es darüber hinaus noch für einen mehr oder weniger bescheidenen Wohlstand reicht, umso besser.

Hierzulande haben sich die Arbeiter den heutigen Standard von Lohn und Urlaub über mehr als hundert Jahre hinweg mühsam erkämpft. Denn es war nicht immer so, dass eine Arbeiterfamilie von einem festen Einkommen wirklich überleben konnte. Wenigstens in unserem Land gehört dieser Zustand weithin der Vergangenheit an. Andernorts auf diesem Planeten aber gibt es noch reichlich Kinderarbeit. Die Arbeit der Väter und Mütter wird so miserabel bezahlt, dass selbst die Kleinsten ihren Tag - statt im Kindergarten oder der Schule - in der Fabrik zubringen. Nur um zu überleben!

Wir sollten das Problem jedoch nicht vorschnell nur in der Ferne suchen. Auch bei uns wird die Arbeit immer mehr zu einem heiß umkämpften Gut.

Millionen von Menschen haben keine Arbeit, möchten aber gerne arbeiten und nicht von einer knapp bemessenen staatlichen Unterstützung leben müssen.

Die weitreichenden Veränderungen, die die Technik in der Arbeitswelt verursacht hat, machen es nötig, neu über die Verteilung der Arbeit nachzudenken. Denn keine Gesellschaft verträgt auf Dauer ein Millionenheer von Arbeitslosen. Nach welchem Prinzip aber sollen Wirtschaft und Industrie organisiert werden? Kapital vor Arbeit, Leistung vor Bedürfnis?

Du siehst, diese Geschichte von den Arbeitern im Weinberg ist alles andere als harmlos. Sie bleibt bis heute aktuell und provokativ. Denn schon immer wurde für Lohn gearbeitet. So wird es auch in Zukunft sein.

Die Frage aber, die mit dieser Geschichte aufgeworfen wird, bezieht sich auf das Maß an sozialer Gerechtigkeit, das in einer Gesellschaft vorhanden ist oder angestrebt werden soll.

Wie viele Menschen werden in Armut gehalten, gelassen oder gebracht? Wie sind die Güter verteilt? Welchen Stellenwert hat der Mensch in der Arbeitswelt? Zählt bloß seine Arbeitskraft, oder werden auch die anderen Seiten seines Lebens berücksichtigt? Wie steht die Gesellschaft zu ihren schwächsten Gliedern, den Kindern, Kranken und Behinderten? Wenn nur Leistung zählt, welche Rechte haben sie dann noch?

Selbst die Frage nach der Gleichbehandlung von Männern und Frauen gehört dazu. Vielfach wird nämlich auch bei uns dieselbe Arbeit schlechter bezahlt, wenn sie von einer Frau getan wird.

Spinne den Faden selber weiter: Was trägt alles dazu bei, dass Du in der Schule und im Beruf erfolgreich sein kannst? Wie viel davon ist allein Dein Verdienst? Wurdest Du nicht bisher von vielen Menschen unterstützt und gefördert?

Alles, was ich bisher zu dieser Geschichte gesagt habe, bezog sich vor allem auf die Stichworte Arbeit, Lohn und Gerechtigkeit. Neben dieser sozialen Perspektive gibt es aber noch eine andere. Sie steckt eigentlich sogar dort mittendrin.

Wir dürfen nämlich nicht vergessen, dass es ein *Gleichnis* ist. Jesus benutzt diese Situation aus dem Alltagsleben, um letztlich etwas über Gott zu erzählen. Schon im ersten Satz wird klargestellt, dass er mit diesem Fallbeispiel genaugenommen eine *religiöse* Sichtweise verbindet: „Denn mit dem Himmelreich ist es wie ..."

Es bedarf sicher keiner großen Gedankensprünge, um die Figur des Gutsbesitzers mit Gott gleichzusetzen. Doch diese Gottes-vorstellung war nicht unbedingt religiöses Allgemeingut zu jener Zeit.

Viele glaubten, sie müssten schon ein ziemlich tadelloses Leben führen und alle religiösen Vorschriften möglichst genau beachten, wenn sie bei Gott Gnade finden wollten. Man müsse schon ordentlich was leisten, um sich den Himmel zu verdienen.

Mit dieser Geschichte nun stößt Jesus diese scheinbar so frommen Leute total vor den Kopf. Denn der Gott, von dem er spricht, beurteilt die Menschen nicht zuerst und ausschließlich nach dem, was sie (religiös) „geleistet" haben. Dieser Gott bietet allen Menschen ohne Vorleistung das an, was sie alle zum Leben brauchen: Liebe, Hoffnung und Gemeinschaft. - Das aber muss den Managern und Machthabern der Religion ein Dorn im Auge sein! Jesus vertritt einen Gott, dem zwar auch die Gerechtigkeit in dieser Welt am Herzen liegt, der jedoch darüber hinausgeht. Sein wichtigster Charakterzug ist Liebe. Und Liebe stellt keine Bedingungen. Wer liebt, will, dass es dem anderen gut geht.

Was Jesus aber mit diesem „Himmelreich" - manchmal ist auch vom „Reich Gottes" die Rede - genau meint, kann auch er nicht einfach in einem einzigen klaren Satz ausdrücken. Er umschreibt es vielmehr in allen seinen Gleichnissen, so wie in dem eben besprochenen.

Diese Gleichnisgeschichten greifen immer irgendwelche alltäglichen Erfahrungen auf, an denen er beispielhaft zeigt, was in dieser Welt eben nicht in Ordnung ist und wie er sich ein besseres Leben vorstellt. Ein Leben, wie es Gott gefallen würde. Eines ist ihm dabei ganz wichtig: das „Himmelreich", das er meint, ist kein utopisch-frommes Wunschgebilde, keine abge- drehte Traumwelt religiöser Spinner, auch keine „heile Welt", die irgendwo im Jenseits auf uns wartet. Nein! Was Jesus im Auge hat, ist eine Veränderung der konkreten Zustände in *dieser* Welt!

Er möchte, dass alle Menschen *hier* besser leben können, statt nur auf ein schöneres Jenseits vertröstet zu werden. Er will, dass wir unser Zusammenleben, unsere Gesellschaft, die Wirtschaft, die Politik usw. in diesem Sinne umkrempeln, damit sie ein Stückchen mehr vom Himmelreich sichtbar machen. Und er will, dass sich jeder an die eigene Nase fasst, wenn es ums Bessermachen geht.

Weißt Du, wo Du bei Dir anfangen könntest?

Dann zögere nicht, es zu versuchen. Denn auch in Deinen Händen liegt ein kleines Stück vom Himmelreich!

2. Chancen verpasst!

Ich möchte Dich nochmals einladen zu einer Fantasie-Reise in die Welt des Möglichen.

Nehmen wir einmal an, Du hast gerade Deine lange Schulkarriere oder Deine nicht weniger anstrengende Berufsausbildung erfolgreich beendet. Die Gelegenheit ist günstig für eine richtige Pause nach all dem Stress. Du bist jung, fit und unternehmungslustig. Und Dir geht so manch reizvolle Idee durch den Kopf, was Du mit einer satten Portion an Freizeit anfangen könntest. Es wird Dir immer klarer: wenn Du jetzt nicht zuschlägst und Deine Chance nutzt, wird sich so schnell keine neue mehr ergeben. Denn nur *jetzt* hast Du die Zeit für Deinen schon lange gehegten Wunschtraum, nämlich eine längere Reise mit Rucksack, Zelt und so. Und das nicht nur für vier Wochen, sondern für mehrere Monate oder sogar für ein ganzes Jahr. Das käme gut!

Beim Ausmalen Deines Traumes beginnt es richtig zu kribbeln. Du siehst dich schon auf Achse. Irgendwohin, wo es schön ist, wo die Sonne scheint und Du etwas erleben kannst. Wenn ..., ja wenn die Sache nicht einen kleinen Haken hätte. So etwas kostet bekanntermaßen eine ordentliche Stange Geld, wovon Du im Moment gerade nicht eben genügend besitzt. Wie könnte es also gehen?

Du überlegst hin und her - bis Du auf die ziemlich ausgefallene Idee kommst, Deine Eltern um eine Art „Kredit" zu bitten. Schließlich betonen sie immer wieder, dass alles, was sie heute

80

besitzen, später mal Deinem Bruder und Dir gehören wird. Später, so sagst Du Dir, bin ich vermutlich schon viel zu alt für so einen Abenteuertrip. Dann stehe ich im Beruf, habe vielleicht auch Familie und werde für derartige Unternehmungen sowieso keine Zeit mehr haben.

Also, warum nicht jetzt?! Du willst ja noch etwas vom Leben haben, bevor Du viel zu schnell eingebunden bist in all die Aufgaben und Verpflichtungen, die mit der Zeit von selber kommen. Du bist inzwischen felsenfest von Deinem Vorhaben und dem richtigen Zeitpunkt überzeugt. So nimmst Du am nächsten Tag Deinen ganzen Mut zusammen und erklärst Deinen Eltern, was du vorhast.

Nun, wie würden Deine Eltern wohl reagieren?

Zoff? Diskussionen? Krise? Verständnis? Zustimmung?

Weiter möchte ich die Szene hier gar nicht ausspinnen, denn vielleicht ist bei Dir ja auch schon längst der Groschen gefallen. Die Geschichte ist nämlich seit zweitausend Jahren bereits hinreichend herumerzählt worden.

Sie ist wahrscheinlich von allen Gleichnis-Geschichten im Neuen Testament die berühmteste. Im Evangelium von Lukas wird sie meist das „Gleichnis vom verlorenen Sohn" genannt, obwohl man ihr, denke ich, auch ganz gut einen anderen Titel geben könnte.

Lukas, ein wirklich talentierter Erzähler, lässt die Geschichte auch noch ein paar Takte weitergehen. Also lassen wir ihn zuerst seine Originalfassung (Lk 15,11-32) vortragen, bevor wir uns etwas näher mit den Hauptdarstellern beschäftigen.

11 Dann fuhr er fort: »Ein Mann hatte zwei Söhne.
12 Der jüngere von ihnen sagte zum Vater: ›Vater, gib mir den auf mich entfallenden Teil des Vermögens!‹ Da verteilte jener das Hab und Gut unter sie.
13 Kurze Zeit darauf packte der jüngere Sohn alles, was ihm gehörte, zusammen und zog in ein fernes Land; dort brachte er sein Vermögen in einem ausschweifenden Leben durch.
14 Als er nun alles aufgebraucht hatte, entstand eine schwere Hungersnot in jenem Lande, und auch er begann Not zu leiden.
15 Da ging er hin und stellte sich einem der Bürger jenes Landes zur Verfügung; der schickte ihn auf seine Felder, die Schweine zu hüten,
16 und er hätte sich gern an den Schoten des Johannesbrotbaumes satt gegessen, welche die Schweine als Futter bekamen, doch niemand gab sie ihm.
17 Da ging er in sich und sagte: ›Wie viele Tagelöhner meines Vaters haben Brot im Überfluß, während ich hier vor Hunger umkomme!
18 Ich will mich aufmachen und zu meinem Vater gehen und zu ihm sagen: Vater, ich habe gegen den Himmel (= Gott) und dir gegenüber gesündigt;
19 ich bin nicht mehr wert, dein Sohn zu heißen: halte mich wie einen von deinen Tagelöhnern.‹
20 So machte er sich denn auf den Weg zu seinem Vater. Als er aber noch weit entfernt war, sah ihn sein Vater kommen und fühlte Mitleid: er eilte (ihm entgegen), fiel ihm um den Hals und küßte ihn.
21 Da sagte der Sohn zu ihm: ›Vater, ich habe gegen den Himmel und dir gegenüber gesündigt; ich bin nicht mehr wert, dein Sohn zu heißen!‹
22 Der Vater aber befahl seinen Knechten: ›Holt schnell das beste Gewand aus dem Hause und legt es ihm an; gebt ihm auch einen Ring an seine Hand und Schuhe an seine Füße
23 und bringt das gemästete Kalb her, schlachtet es und laßt uns essen und fröhlich sein!
24 Denn dieser mein Sohn war tot und ist wieder lebendig geworden, er war verloren und ist wiedergefunden!‹ Und sie fingen an, fröhlich zu sein.

25 Sein älterer Sohn aber war währenddessen auf dem Felde. Als er nun heimkehrte und sich dem Hause näherte, hörte er Musik und Reigenchöre.
26 Da rief er einen von den Knechten herbei und erkundigte sich, was das zu bedeuten habe.
27 Der gab ihm zur Antwort: ›Dein Bruder ist heimgekommen; da hat dein Vater das gemästete Kalb schlachten lassen, weil er ihn gesund wiedererhalten hat.‹
28 Da wurde er zornig und wollte nicht ins Haus hineingehen; sein Vater aber kam heraus und redete ihm gut zu.
29 Da antwortete er dem Vater: ›Du weißt: schon so viele Jahre diene ich dir und habe noch nie ein Gebot von dir übertreten; doch mir hast du noch nie auch nur ein Böcklein gegeben, daß ich mit meinen Freunden ein fröhliches Mahl hätte halten können.
30 Nun aber dieser dein Sohn heimgekehrt ist, der dein Vermögen mit Dirnen durchgebracht hat, da hast du ihm das Mastkalb schlachten lassen!‹
31 Er aber erwiderte ihm: ›Mein Sohn, du bist allezeit bei mir, und alles, was mein ist, ist auch dein.
32 Wir mußten doch fröhlich sein und uns freuen! Denn dieser dein Bruder war tot und ist wieder lebendig geworden, er war verloren gegangen und ist wiedergefunden worden.‹«
(Übersetzung: Hermann Menge)

Welche der drei Hauptfiguren hat am meisten Deine Sympathie und dein Verständnis? Warum? Lässt sich der ältere Bruder vielleicht doch noch zum Mitfeiern bewegen? Wie wird vermutlich ein Gespräch zwischen den Brüdern verlaufen?

Hat der Vater dieser beiden Söhne auf die Bitte des jüngeren so reagiert, wie Du es eben noch Deinen Eltern unterstellt hast? In den meisten Fällen wird es wahrscheinlich nicht so sein. Der Vater, von dem Lukas erzählt, verhält sich schon etwas merkwürdig. Auf den Wunsch des jüngeren Sohnes folgt hier keinerlei Rückfrage oder Kritik, keine Verwunderung oder Erschrecken. Man könnte meinen, das sei die normalste Sache der Welt. Der Vater geht einfach hin und teilt den Familienbesitz auf. Dem älteren Sohn wird ein entsprechender Teil des Hofes überschrieben, der jüngere erhält seinen Erbteil in bar.

Damit dürfte eigentlich alles in schönster Ordnung sein, denn jeder verfügt nun vorzeitig über das, was ihm später sowieso einmal zugestanden hätte.

Wie Du siehst, fängt der dramatische Teil der Geschichte jetzt erst an - und wird von Lukas auch nicht mit einem Happy End abgeschlossen. Wie es weitergeht, überlässt er unserer eigenen Fantasie und Erfahrung.

Übrigens: Sofern auch Du einen Bruder oder eine Schwester hast - erkennst du irgendwelche Gemeinsamkeiten zu den Brüdern unserer Geschichte?

Schauen wir uns aber die Männer nun gemeinsam ein bisschen genauer an, indem wir auch hier wieder zwischen den Zeilen lesen:

Der jüngere Sohn ist wohl der unruhigere und unternehmungs-lustigere der beiden Brüder. Ihm wird es allmählich zu eng im Elternhaus. Er will raus in die Welt und was erleben. Hier daheim ist nichts los, da kann man bloß versauern und so spießbürgerlich werden wie die anderen Leute. Ekelhaft, wie die leben: Haus, Arbeit und Familie.

Das kann doch nicht alles im Leben sein, nicht der eigentliche Sinn, nicht das wirkliche Glück. Er möchte jedenfalls mehr aus seinem Leben machen. Und dazu muss er weg von Zuhause, muss er all das hinter sich lassen, die Brücken abbrechen und die kleinbürgerlichen Fesseln abwerfen.

Irgendwohin, wo ihn keiner kennt, der ihn dann gleich wieder in eine Schublade stecken könnte. Endlich frei sein und so leben können, wie man selber will! Er ist bereit, das kleine, überschaubare und gesicherte Leben bei seinem Vater aufzugeben und sich mal richtig den Wind des etwas wilderen Lebens um die Nase wehen zu lassen. Denn wer nichts wagt, wird auch nichts gewinnen.

Der ältere Sohn ist aus ganz anderem Holz geschnitzt. Er ist nicht so ungestüm, so flippig wie sein jüngerer Bruder. Seine Vorstellungen von einem guten und glücklichen Leben verbindet er weniger mit Freiheit und Abenteuer, sondern eher mit Ruhe und Wohlstand. Die Welt des väterlichen Hofes reicht ihm völlig aus. In den Aufgaben, die er hier als Junior-Chef übernommen hat, geht er richtig auf. Für ihn kommt die Arbeit *vor* dem Vergnügen. Seine Pflicht zu tun und dafür Respekt und Ansehen zu genießen, das ist für ihn Glück. Er haut gewiss auch mal gern auf die Pauke, doch es muss alles im Rahmen bleiben. Denn nur mit Fleiß, Ausdauer und Anstand kommt man im Leben zu etwas, wird er sich sagen.

Du merkst schon, wie unterschiedlich die beiden Brüder in ihren Lebenseinstellungen sind. Sie vertreten völlig entgegengesetzte Vorstellungen von Glück und Sinn. Das ist ein wesentlicher „Knackpunkt" in dieser Geschichte.
Doch Lukas ist so raffiniert, dass er den Konflikt, quasi die „Entladung" der Spannung zwischen den Gegenpolen, nicht in der Geschichte selbst austrägt. Dazu hätte er nämlich am Ende

eine unmittelbare Begegnung der Brüder stattfinden lassen müssen. Dabei wären sicherlich die Fetzen geflogen.

Deshalb schaltet Lukas in der Erzählung den Vater dazwischen, der den geballten Zorn seines älteren Sohnes zu spüren bekommt und nun zu schlichten versucht.

Ob es ihm gelingt, wird uns auch nicht verraten. Die Auseinandersetzung zwischen den Brüdern, wessen Lebensmodell wohl das richtigere sei, legt Lukas uns in den Schoß. Wir sollen uns selber Gedanken machen über das Leben dieser beiden jungen Männer. Er nimmt sogar an, wir könnten in einer der Figuren etwas von uns selbst wiederfinden.

Wie ist es also unseren beiden Helden ergangen? Haben sie das Glück gefunden, das sie gesucht und erhofft hatten? Wie stehen sie am Ende da? Die Erzählung, so kurz und knapp sie auch ist, gibt uns doch mehr Hinweise, als der erste Blick vermuten lässt.

Der Heimkehrer ist ja scheinbar der Gescheiterte. Sein Vermögen hat er verschleudert, „mit Dirnen durchgebracht", und steht nun als mittelloser Pechvogel und Verlierer vor seinem Vater. Er hat zwar seinen damaligen Traum verwirklicht, doch um welchen Preis.

Er steckte zwar voller Lebenslust, war bereit zum Risiko und offen für neue Erfahrungen, doch hatte er dabei nur noch sich selber im Auge. In seinem überzogenen Egoismus nahm er auf seine Familie, überhaupt auf die Interessen anderer Menschen keinerlei Rücksicht mehr. Es scheint, dass ihn ausschließlich seine Lust auf Flucht und Ausstieg bestimmt hatte. Von einem *vernünftigen* Gebrauch seiner vielfältigen Möglichkeiten ist nicht viel zu bemerken.

Wie sehr er mit seinem Konzept daneben getippt hatte, wurde ihm erst angesichts der sich sattfressenden Schweine klar. Da erkannte er, dass auch er nur noch ein „armes Schwein" war, das sich selber in diese Sackgasse manövriert hatte. Manchmal möchte man sich eben am liebsten selber ohrfeigen, wenn man endlich die eigene Dummheit erkennt. Er sah jetzt ein, wie kurzsichtig und selbstsüchtig er gehandelt hatte. Aus dieser Einsicht heraus - und im Vertrauen auf das gutmütige Herz seines Vaters - traute er sich schließlich auf den Heimweg. Aus dem einstigen Angeber und Draufgänger, der vor Selbstbewusstsein nur so strotzte, war ein recht kleinlauter junger Mann geworden. Ansprüche konnte er daheim keine mehr stellen.

Die Zeiten waren vorbei. Aber dort konnte er vielleicht wieder ein Stück Heimat und Geborgenheit finden. Denn das vermisste er jetzt am meisten. - Was ihm dann aber geschah, davon hätte er nicht einmal zu träumen gewagt.

Der daheimgebliebene Sohn hat, wie es scheint, den etwas erfolgreicheren Weg gewählt. Er hat seine Erbschaft zusammengehalten und im Lauf der Jahre sicher auch noch vermehrt. Sein Zorn darüber, dass dem Bruder solch ein Empfang bereitet wird und er sich nach der totalen Pleite gleich wieder ins gemachte Nest setzen darf, wirkt nur allzu verständlich. Findest du nicht?

Aber was ist aus ihm geworden? Als sein Bruder wieder auf der Matte steht, fürchtet er gleich um seinen Besitz. Er nimmt gar nicht richtig wahr, welche Freude die Heimkehr für den Vater bedeutet und dass sein Bruder nicht den geringsten Wunsch oder Anspruch geäußert hat. Dieser Hallodri war für ihn einfach und endgültig „gestorben". Sein Blick ist ebenfalls nur auf sich selber gerichtet. Im Bruder sieht er mehr den Konkurrenten und Rivalen als ein Familienmitglied.

Vielleicht ist er sogar etwas neidisch auf die außergewöhnlichen Erlebnisse und Erfahrungen seines Bruders in der Welt da draußen, denn so viel Abwechslung hatte er selbst in den letzten Jahren ja nicht gehabt.

Besser gesagt: Er hatte sie sich nicht gegönnt, sie nicht gesucht, weil er den riskanten Seiten des Lebens immer gern aus dem Weg gegangen war. Sicherheit war seine Devise. Damit verlief sein Leben zwar in etwas ruhigeren und gesicherten Bahnen, blieb dafür aber auch ein gutes Stück langweiliger. Er war in den Augen der anderen stets der brave und anständige Bürger, der sich nichts zu Schulden kommen ließ. Genau diese tadellose Fassade verbarg aber nur die mit der Zeit gewachsene Missgunst und Eifersucht auf seinen Bruder, dessen Leben nun mal eine satte Portion bunter verlaufen war. Was bleibt also?

Der ältere Sohn ist zwar finanziell abgesichert, doch außer Pflichterfüllung und einem angepassten bürgerlichen Leben hat er nicht viel vorzuweisen. Er ist äußerlich reich, aber innerlich arm. Sein Herz ist ausgefüllt von einem materiellen Denken und Fühlen, in dessen Mittelpunkt eigentlich nur er selber steht.

Sein jüngerer Bruder hat einige von den Höhen und Tiefen des Lebens zu spüren bekommen. Er kann jetzt auf manches besondere Erlebnis zurückblicken - doch was hat er heute davon?

Waren es nicht größtenteils Seifenblasen, bloße Kicks für den Augenblick? Wo war sein Glück geblieben? Er hatte richtig frei sein wollen und war dabei ziemlich blauäugig vielen schillernden Versprechungen auf den Leim gegangen. Dass nicht alles Gold ist, was glänzt, hat er als Einsicht teuer bezahlen müssen.

Seine schon fast gierige Suche nach Abwechslung und Höhepunkten hatte ihn blind gemacht für die anderen Seiten des Glücks, die nicht auf die Schnelle und erst recht nicht für ein paar Münzen oder Scheine zu haben sind.

Fazit: Keiner von beiden ist letztlich dort hingekommen, wo er hinkommen wollte! *Beide* sind mit ihren Vorstellungen von einem glücklichen und erfüllten Leben gescheitert. Jeder auf andere Weise.

Aus den bisherigen Beschreibungen der beiden Brüder dürfte eigentlich auch schon deutlich geworden sein, wo ihr Fehler gelegen hat.

So gegensätzlich auch ihre Wege verlaufen sind, so übereinstimmend sind sie in ihrer einseitigen Lebenseinstellung. Sie wurden nämlich von einer sehr tiefsitzenden Angst getrieben.

Der Angst, das Leben zu verpassen, zu verfehlen, am Ende nichts davon gehabt zu haben.

Um das zu verhindern, ging der Ältere auf „Nummer Sicher", der Jüngere dagegen spielte voll auf Risiko. Auf diese Weise glaubten sie ihr Glück garantiert zu finden, den Erfolg dadurch fest im Griff zu haben.

Der Eine jagte wild dem nächsten Vergnügen nach, damit ihm ja nichts durch die Lappen gehen konnte.

Der Andere schielte ständig nach Anerkennung und stimmte sein ganzes Verhalten darauf ab. Nur nicht aus der Reihe tanzen und den guten Ruf aufs Spiel setzen.

Beide Söhne sind so ernsthaft damit beschäftigt, sich selbst zu verwirklichen, ihre Auffassung vom Glück in die Praxis umzusetzen, dass sie genau deswegen das wirkliche Leben aus dem Blick verlieren. Sie stehen sich bei der Erfüllung ihrer Wünsche und Sehnsüchte faktisch selber im Weg.

Denn ihre zwanghafte Vorstellung, das Leben irgendwie „in den Griff" kriegen zu müssen, macht sie schließlich zu leerlaufenden Kreiseln, die sich nur noch um sich selber drehen. Sie können mit der Zeit alles und jeden nur noch unter der Perspektive wahrnehmen, was für das eigene Glück dabei herausspringt.

Diese „Was-bringt-mir-das?"-Einstellung macht jedoch auf Dauer einsam, da hier kein Platz mehr bleibt für echte menschliche Beziehungen und Bindungen. Die kosten nämlich etwas - von der eigenen Person.

Die Beziehungsunfähigkeit beider Söhne bringt die Geschichte eindeutig zur Sprache. Dem jüngeren Sohn liegt nicht mehr viel an der Familie. Sie ist seinen Plänen eher hinderlich (wenn auch finanziell nützlich!).

Das Gespräch zwischen dem Vater und dem beleidigten älteren Bruder zeigt, dass dieser zwar beim Vater lebt, aber zu ihm auch nicht gerade eine herzliche Beziehung pflegt. Aufgrund ihrer egoistischen Motive haben beide Söhne das vertrauensvolle Verhältnis zu ihrem Vater, das sie als Kinder sicher noch hatten, unbemerkt verloren.

Der Vater hat jedoch nie aufgehört, sie beide zu lieben und sich für sie einzusetzen. Das fing da an, wo er ohne jeden Kommentar beiden ihr Erbteil vorzeitig zur Verfügung stellte.

Und es bleibt so bis zum Schluss, wo er nacheinander zu den beiden Söhnen hinausgeht, um sie einzuladen in die häusliche Gemeinschaft und zu dem Freudenfest, das jetzt einfach gefeiert werden *muss*. Er hat seinen Söhnen alle Chancen eingeräumt, die sie brauchten bzw. von ihm erbeten haben, damit sie für sich etwas daraus machten. Seine wirkliche Zuneigung zeigt sich ja gerade darin, dass er keinem der beiden irgendwelche Vorschriften macht.

Er lässt ihnen alle nötigen Freiheiten zur Gestaltung ihres eigenen Lebens und akzeptiert schließlich auch, obwohl es ihm wehtut, dass der Jüngere eines Tages nicht mehr bei ihm leben will. Umso unbeschreiblicher ist dann ja auch seine Freude, als der Ausreißer nach Jahren wieder den Weg nach Hause findet. Genau diese bedingungslose Zuwendung zu den Söhnen macht den Vater in dieser Geschichte zu einer geradezu übermenschlichen Figur - jedenfalls wenn wir als Zuhörer unsere eigenen Vater-Erfahrungen daneben stellen. So gut kann eben keiner sein. Vielleicht.

Es ist sicher auch an dieser Stelle keine überraschende Tatsache mehr, dass Jesus mit der Vatergestalt des Gleichnisses letztlich Gott selber beschreibt.

Gott - das ist für ihn der tragende Grund im Leben, eine alles durchdringende Wirklichkeit, die aber als geheimnisvolle Tiefe erst wahrgenommen werden muss. Dazu bedarf es schon eines gewissen Weges - im Denken, Fühlen und Handeln. Erst wenn man sich auf diesen geheimnisvollen Hintergrund des Lebens einzulassen bereit ist, kann er im eigenen Leben wirksam und erfahrbar werden. Für Jesus ist diese andere Wirklichkeit aber nicht nur eine Art kosmische Kraft, die man zwecks eines höheren Bewusstseins nur anzuzapfen braucht. Wenn er von Gott spricht, dann meint er ein ansprechbares Gegenüber, ein Du, zu dem man eine Beziehung aufbauen kann. Er ist sich dieser Wirklichkeit "Gott" sogar dermaßen gewiss, so von der positiven Nähe und Wirksamkeit Gottes überzeugt, dass er in seinen Reden eigentlich von nichts anderem mehr spricht.

Alle Menschen sollen erfahren können, wie gut es tut, aus dieser Tiefe und in dieser grenzenlosen Perspektive zu leben.

An seiner eigenen Lebenspraxis wird für die anderen erkennbar, wie freimachend dieser Glaube sein kann. Jesus ist nicht - wie unsere beiden Brüder - krampfhaft bemüht, seinem Leben eigenmächtig einen Sinn zu geben. Er kann wesentlich gelassener leben, weil er sich vom großen Geheimnis getragen fühlt. Er *erfährt* sein Leben als sinnvoll durch Gott selbst. In seinem Denken, Fühlen und Handeln ist er frei von der ständigen Sorge um die eigene Person. Dadurch ist in seinem Herzen Platz für andere Menschen und deren Nöte, für die Dinge um ihn herum und damit für die eigentlich bedeutsamen Seiten des Lebens. Sein ganzes Bemühen ist dem Hinweisen auf diese andere Lebenseinstellung gewidmet.

Jesus will seinen Zuhörern plausibel und erfahrbar machen, dass Gott ihnen ständig seine Freundschaft anbietet, aber immer wieder abgewiesen oder einfach nicht beachtet wird. Die meisten Menschen sind viel zu sehr damit beschäftigt, aus ihrem Leben etwas zu *machen*, ihr Glück zu suchen. Sie laufen dabei so schnell durch ihre Tage, dass sie das Auffinden der glücklichen Momente am Wegesrand glatt versäumen.

Lebt langsamer und bewusster, so höre ich Jesus rufen, macht euch klar, wie vielfältig die Beziehungen sind, in denen und aus denen ihr lebt. Vor allem in diesem Netz von Beziehungen - zu euch selbst, zu anderen Menschen und zur Umwelt - lässt sich das Glück finden.

Denn in all diesen Verflechtungen, wenn ihr sie gut zu gestalten versteht, könnt ihr Gott erfahren. Für mich, so betont Jesus immer wieder, ist Gott eine unvergleichlich tiefe Erfahrung, die meine Seele umgekrempelt, mir ganz neue Sichtweisen erschlossen und ein zuversichtliches Lebensgefühl beschert hat.

Ihm fiel dafür kein treffenderes Bild ein als das eines liebevollen Vaters, der immer für seine Kinder da ist, egal, was sie angestellt haben. Auf so einen Vater vertrauen zu dürfen ist schon eine tolle Sache.

Dass Gott so ein Vater für alle Menschen ist, wie Jesus sagt, das bleibt für manches Ohr eine schwer verdauliche Zumutung und Provokation. Ist das nicht ein grundloses Vertrauen ins Blaue hinein?

Wie ist das bei Dir? - Worauf vertraust Du im Leben? Wo suchst Du Dein Glück? Was macht dich glücklich? (Vergiss bei den Antworten Deine Erfahrungen nicht!)

3. Kopf hoch!

Es ist schon erstaunlich, wie aktuell manche Geschichten aus dem Neuen Testament auch heute noch sind. Sie erzählen von Begebenheiten und Erfahrungen, die in unseren Tagen noch genauso vorkommen. Das klingt zuerst etwas merkwürdig, wird aber spätestens dann nachvollziehbar, wenn wir nicht an einzelnen Worten kleben bleiben, sondern uns die hintergründige Symbolik einer Szene näher anschauen und zum Sprechen bringen. Da können einem als Leser dann recht auffällige Parallelen ins Auge springen. Zuweilen sind die Ähnlichkeiten zwischen damals und heute geradezu peinlich - wenn sie nämlich aufzeigen, wie wenig sich (leider) in mancher Hinsicht geändert hat.

Bevor ich zu der Geschichte komme, an die ich jetzt denke, möchte ich Dich ein bisschen vorbereiten und einstimmen. Vielleicht fallen Dir dann beim Lesen schon ein paar wichtige Zusammenhänge auf, so dass Du Dir bereits selber einen ersten Reim darauf machen kannst:

Was bedeutet es, einen „aufrechten Gang" zu haben? Wodurch wird er gefördert, wodurch erschwert oder verhindert?
An welche Menschen denkst Du dabei? Wieso?
Was wäre in Deinem Leben anders, wenn Du z. B. einen „Buckel" hättest und nur gebeugt gehen könntest?
Was macht Frauen das Leben manchmal so schwer?

Lass Dir ruhig einen Moment Zeit zum Überlegen. Je größer und tiefer Deine Gedanken und Dein Einfühlungsvermögen sind, umso deutlicher wirst Du erkennen, worum es in der Geschichte eigentlich geht.

Also hören wir uns an, was der Evangelist Lukas zu erzählen weiß (Lk 13,10-17):

10 Jesus lehrte einst in einer der Synagogen am Sabbat.
11 Da war gerade eine Frau anwesend, die schon seit achtzehn Jahren einen Geist der Schwäche (einen „Dämon") hatte; sie war zusammengekrümmt und unfähig, sich ordentlich aufzurichten.
12 Als Jesus sie erblickte, rief er sie herbei und sagte zu ihr: »Frau, du bist von deiner Schwäche befreit!«
13 Dann legte er ihr die Hände auf, und sie richtete sich augenblicklich gerade empor und pries Gott.
14 Weil nun der Vorsteher der Synagoge unwillig darüber war, daß Jesus am Sabbat eine Heilung vollzogen hatte, sagte er zu der (versammelten) Menge: »Sechs Tage sind da, an denen man arbeiten soll; an diesen also kommt und laßt euch heilen, aber nicht (gerade) am Sabbattage!«
15 Der Herr aber antwortete ihm mit den Worten: »Ihr Heuchler (= Scheinheiligen)! Bindet nicht ein jeder von euch am Sabbat seinen Ochsen oder Esel von der Krippe los und führt ihn zur Tränke?
16 Diese Frau aber, eine Tochter Abrahams, die der Satan nun schon achtzehn Jahre lang in Fesseln gehalten hat, die sollte von dieser Fessel am Sabbattage nicht befreit werden dürfen?«
17 Durch diese seine Worte wurden alle seine Gegner beschämt; die ganze Volksmenge aber freute sich über alle die herrlichen Taten, die durch ihn geschahen.
(Übersetzung: Hermann Menge)

Diese Heilungsgeschichte lässt Jesus gleich in mehrfacher Hinsicht zum Tabu-Brecher werden.

1. Er heilt am Sabbat, was laut dem Gesetz von Moses streng untersagt ist. Am Sabbat darf keine Arbeit getan werden. Dieser Tag ist allein der Ruhe und dem Gebet vorbehalten. Das macht der Synagogenvorsteher auch unmissverständlich klar.

2. Er spricht in aller Öffentlichkeit mit einer Frau, was für einen gläubigen Mann zur damaligen Zeit ebenfalls recht unschicklich war.

3. Er gibt sich mit einem behinderten Menschen ab, obwohl die religiöse Überlieferung eindeutig klarstellte, dass körperliche Gebrechen letztlich ihren Grund in der Sündhaftigkeit dieses Menschen hatten. Es war damit ganz im Sinne Gottes, derartige Krüppel zu meiden, mit ihnen keinerlei Umgang zu haben.

Dass Jesus mit seinem religiös absolut unmöglichen Verhalten nicht nur auf Kritik und Ablehnung stieß, zeigt der letzte Satz. Der Vorsteher des Gebetshauses ist empört und weist die Leute (gar nicht einmal Jesus!) zurecht; diese allerdings freuen sich - mit der geheilten Frau und mit Jesus.

Doch lass uns der Reihe nach vorgehen: Lukas erzählt, die Frau sei seit 18 Jahren krank. Welch lange Leidensgeschichte liegt also schon hinter ihr: die ergebnislosen Behandlungen durch vielerlei Ärzte, die mitleidigen oder abwertenden Blicke der Leute, das ständige Erleben, als „nicht normal" und minderwertig angesehen zu werden. Gerade als Frau fühlt sie sich doppelt gestraft, da kein Mann je ein freundliches Wort an sie gerichtet hat. Völlig abgesehen von den damit verbundenen Schmerzen und den ganz alltäglichen Problemen, die sich pausenlos ergeben, wenn der Körper nur noch diese gekrümmte Haltung kennt.

Wir erfahren aber auch gleich den Grund für ihre Krankheit: sie wurde von einem „Dämon" geplagt, wie manche Übersetzungen formulieren. Wörtlich übersetzt heißt es korrekter: sie hatte seit 18 Jahren „einen Krankheitsgeist", einen Geist, der sie schwach machte und niederdrückte.

Nun, Du weißt selbst, dass heutzutage kein Arzt in seinen Untersuchungsbericht schreiben würde „von einem Dämon besessen". Im Alten Orient wussten die Menschen (auch die Mediziner) noch nicht so genau, wie Krankheiten entstehen oder übertragen werden können.

Ihre Interpretationen der Ursachen einer Krankheit waren eng verknüpft mit ihrem Weltbild und ihrer Religion. Wenn es nämlich allgemeine Überzeugung ist, dass die Welt von göttlichen (bzw. dämonischen) Mächten regiert wird, dann ist eine Krankheit oder eine Behinderung eine völlig erklärliche Sache.

Dann hat folglich Gott selber die Hand im Spiel oder er lässt zu, dass ein Mensch zum Spielball von irgendwelchen bösen Geistern wird. In jedem Fall hat man es mit höheren Mächten zu tun, die ganz gewiss einen Grund dafür haben, jemanden leiden zu lassen.

Im Herausfinden von Krankheitsursachen sind wir inzwischen ein Stück weiter vorangekommen. Wo damals von einem „Krankheitsgeist" gesprochen wurde, redet heute ein Arzt vermutlich eher von einer *seelischen* Krankheit, von einer Neurose, einer Psychose, einem Komplex oder ähnlichem. Der Grund wird also heute nicht zuerst *außerhalb* des Menschen gesucht, sondern *in* seinem Körper, seiner Seele und seinen Lebensumständen.

Damit nähern wir uns einer Sichtweise des Falles, die an dieser Frau nicht nur einen körperlichen Defekt wahrnimmt, sondern darüber hinaus ihre Lebensgeschichte *als Frau* erkennen kann. Unter diesem Blickwinkel lassen sich dann durchaus realistische Gründe finden, die diese Frau krumm gemacht haben. Wie also lebte eine Frau zu jener Zeit?

Ich versuche es möglichst knapp zu umschreiben.

1. Ihr Leben beschränkte sich auf den häuslichen Bereich. Hier hatte sie das Sagen und fand auch männlichen Respekt. Sie war zuständig für die Mahlzeiten, das Waschen der Kleider und das Weben von Stoffen. Sie bediente ihren Mann und seine Gäste, war gehorsam und unterstützte ihren Mann bei seiner Arbeit. In der Öffentlichkeit war ihr Stellenwert ziemlich gering. Wer auf offener Straße eine Frau ansprach, übertrat eine gesellschaftliche und religiöse Norm.

2. Die Vorschriften zur Teilnahme an den öffentlichen religiösen Zeremonien galten für sie nicht. Auch war sie nicht verpflichtet, die Heiligen Schriften zu studieren, eine Wallfahrt nach Jerusalem zu machen oder in der Synagoge eine Schriftlesung vorzutragen. Im Jerusalemer Tempel, dem heiligsten aller Orte, durfte sie nur bis in einen bestimmten Vorhof eintreten,

gemeinsam mit den Heiden. Eine schulische Ausbildung war nur für Jungen vorgesehen.

3. Eine Frau hatte keine eigenen Besitzrechte. Sie unterstand immer einem männlichen "Schutz". Bis zur Heirat war das der Vater, dem noch mehr Ehrfurcht gebührte als der Mutter. Eine Heirat war stets die vertragliche Absprache zwischen zwei Familienoberhäuptern.

Mit der Verlobung „erwarb" der Mann quasi seine Frau. Ein Heiratsvertrag sicherte ihr zwar einige grundlegende Rechte zum Schutz vor Ausbeutung, doch wenn sie im Ernstfall die Scheidung verlangte, blieb die Trennung von der Zustimmung des Mannes abhängig. Das Heiratsalter lag damals bei etwa 12 Jahren. Das Kriterium war die Geschlechtsreife.

4. Während ihrer monatlichen Blutung galt sie kultisch als „unrein". Wer sie berührte, wurde selber unrein. Wer sich dort hinsetzte, wo eben eine unreine Frau gesessen hatte, wurde ebenso unrein, musste seine Kleider waschen und blieb unrein bis zum Abend dieses Tages. Auch die Geburt eines Kindes brachte sie wieder in diesen Zustand. Hatte sie einen Knaben geboren, galt sie sieben Tage als unrein, war es ein Mädchen, verlängerte sich die Unreinheit auf zwei Wochen! (Lies selber im Alten Testament nach: Buch Levitikus, Kapitel 12 und 15!)

Du siehst, wie gering und vorbestimmt der Spielraum für eine damalige Frau war. Von Selbstverwirklichung, Gleichberechtigung, Emanzipation, Frauenwahlrecht usw. konnte also kaum die Rede sein. In manchen überlieferten Texten wird sie den Minderjährigen und Sklaven gleichgestellt.

Ein alter (männlicher) Gebetstext lautete sogar: „Gepriesen seist du, Gott, König der Welt, dass du mich nicht als Frau erschaffen hast".

Sag selbst: Worin unterscheidet sich die Lage einer Frau in biblischen Tagen von der einer heutigen Frau? Worin gleichen sich die Lebenssituationen? Wie erlebst Du dein Leben als junge Frau bzw. als junger Mann in unserer Gesellschaft?

Wer „definiert" bei uns, wie man als Frau oder Mann richtig lebt, wie man seine Geschlechterrolle erwartungsgemäß ausfüllt, was als akzeptabel oder als unnormal gilt?

Was macht einen Mann zum Mann, eine Frau zur Frau?

Doch zurück zu unserer gekrümmten Frau. Mit dem Hinweis auf den krankmachenden „Dämon" baut uns Lukas schon eine wichtige Verständnisbrücke, damit wir nicht zu sehr am Buckel dieser Frau hängen bleiben. Der ist nur die äußerliche Folgeerscheinung des Problems, das uns Lukas und Jesus vor Augen halten wollen.

Was hat diese Frau also krumm gemacht, ihr nicht nur den Rücken, sondern auch die Seele verbogen? Wie eng körperliche und seelische Gesundheit zusammenhängen, offenbart uns immer wieder unsere Umgangssprache - sofern wir genau genug hinhören.

Wir sprechen davon, dass uns etwas *auf den Magen schlägt* oder *an die Nieren geht*. Oder wir sagen, dass eine besondere Verantwortung *auf unseren Schultern lastet*. Jemand oder etwas (z.b. die Angst) *sitzt uns im Nacken* und verursacht einen entsprechenden Druck. Und wenn der Druck zu groß wird, die Belastung und Verantwortung die eigenen Kräfte übersteigen, dann schlägt unser Körper Alarm. Schon ein ständig *verspannter Nacken* z. B. will uns fühlbar zu verstehen geben, wo wir etwas ändern sollten.

Viele körperliche Erscheinungen haben ihre Wurzeln in einem seelischen Problem. Aber genau das gilt es erst einmal zu erkennen. Manchmal wissen die Betroffenen selber nicht genau, wie hier Ursache und Wirkung zusammenhängen.

Und nicht immer müssen die Auswirkungen eines seelischen Knotens nach außen hin so deutlich erkennbar sein. Einige Menschen sind eben gut im Verdrängen, andere entwickeln sich zu hervorragenden Schauspielern.

So brauchte unsere „gekrümmte Frau" nicht mal unbedingt einen äußerlich sichtbaren Buckel zu haben. Ihre Verkrümmung spielte sich ohnehin mehr im Innern ab und trug vor allem gesellschaftliche und religiöse Züge.

Sie litt zunehmend unter den Lebensbedingungen, die ihr von anderen „aufgedrückt" wurden:

* eine fast vollständige Fremdbestimmung über ihr Leben als Frau,
* die regelmäßige Diskriminierung aufgrund ihrer Menstruation

oder nach einer Entbindung,

* die lückenlose Auslieferung an die männliche Oberherrschaft durch Vater oder Ehemann,

* den anerzogenen Zwang zum Gehorsam, gerade gegenüber dem Ehemann,

* die stets wiederkehrende Bestätigung, als Frau ein minderwertiges Geschöpf zu sein, das für die Männerwelt nur angemessen zu „funktionieren" hat,

* die schmerzliche Beobachtung, dass in jeder neuen Generation allein die Söhne als vollwertige Menschen gelten und alle Vorteile und Chancen auf ihrer Seite haben,

* und nicht zuletzt das hautnahe Erleben und Ertragen dieser zermürbenden Realität in der eigenen Familie: Ihr Mann vertrat diese selbstherrliche Männergesellschaft in vorbildlicher Weise. Für ihn blieb sie in all den langen Jahren dieser Ehe einfach ein Mensch zweiter Klasse, gut genug zum Putzen, Waschen und so weiter. Auch der Versuch, ihren Söhnen ein anderes Verständnis vom Zusammenleben von Männern und Frauen mit auf den Weg zu geben, blieb weithin erfolglos. Der allgemein verbreitete Virus dieser Art von Männlichkeit hatte auch sie frühzeitig im Griff.

Der mühselige Widerstand gegen männliche Arroganz und Blindheit hatte mit der Zeit ihre letzten Kräfte aufgezehrt. Was war nicht alles auf ihrem Rücken abgeladen und ausgetragen worden! Immer sollte sie gute Miene zum bösen Spiel machen, sollte die stolze Ehefrau und Mutter darstellen.

Doch ihr ganzer Stolz, den sie vor langer Zeit einmal in sich gespürt hatte, ihr einst so ausgeprägtes Selbstwertgefühl, war durch die vielen kleinen Nadelstiche mürbe geworden. Ihr Kampfgeist war immer kleiner und die Resignation war ständig größer geworden. Früher hatte sie jedem, ob Mann oder Frau, selbstbewusst und offen ins Auge geschaut. Heute ist ihr Blick müde geworden und hebt sich kaum noch vom Boden. Und ihre stille Verzweiflung über die offenkundige Unveränderbarkeit der Zustände drückt sich nun mehr und mehr auch in ihrer Körperhaltung aus.

Und wenn sie auch in die Gesellschaft keine großen Hoffnungen mehr setzte und vom Leben nicht mehr viel erwartete, so hatte sie trotz allem noch im Glauben und im Gebet einen letzten Trost gesucht und gefunden. Wie so oft saß sie auch diesmal - beinahe versteckt - in einer etwas dunklen Ecke der Synagoge, damit sie ungestört blieb. Aber diesmal kam es anders als sonst. Dieser junge Rabbi aus Nazaret, von dem überall erzählt wurde, war da und predigte.

Was dann passiert, ist Lukas nur ganze drei Sätze wert. Jesus ruft die Frau zu sich, spricht kurz mit ihr, legt ihr die Hände auf - und schon ist alles anders. Der ganze Rest der Szene wird bestimmt von dem zwangsläufigen Streit zwischen Jesus und dem Synagogenvorsteher.

Ein Satz und eine Geste sind es, die das Leben dieser Frau radikal verändern! So hatte noch nie ein Mann zu ihr gesprochen.

Während alle anderen Männer ihr ständig etwas auferlegten und immer noch eins draufsattelten, nimmt Jesus etwas von ihr weg, befreit sie durch ein paar freundliche Worte von dem Krampf, der sie stets befällt, wenn sie von Männern umgeben ist. Er berührt sie sogar zärtlich und streichelt sie - als wenn er wüsste, wie sehr sie sich danach gesehnt hatte, es aber nie erfahren durfte!

Und was er zu all den anwesenden Männern dann sagte, wird sie ihr Leben lang nicht vergessen können. Er hatte sie eine „Tochter Abrahams" genannt! Das bedeutete, Jesus sah in ihr als Frau einen gleichwertigen Teil der Glaubensgemeinschaft! Für viele Männerohren war das unerhört, ihr aber kam es vor wie der Schluck Wasser für einen Verdurstenden. Solche Worte hatte sie noch keinen Priester oder Schriftgelehrten sagen hören. Ihre ganz heimlichen Gedanken, dass Gott selber dieses leidvolle Ungleichgewicht zwischen den Geschlechtern doch unmöglich wollen könne, erhielten jetzt plötzlich unerwarteten Auftrieb. Ihr war als Frau der Rücken gestärkt worden - ausgerechnet durch einen Mann!

Auch in ihrer Phantasie richtete sie sich langsam wieder auf und malte sich aus, wie es wäre, wenn dieses Beispiel Schule machen würde - in jeder Familie, in der Arbeitswelt, in der Politik und in der Kirche.

Wie sieht es in Deiner Familie aus? Wo erlebst Du die Gleichberechtigung von Jungen und Mädchen, Männern und Frauen? Wo nicht?

Beobachte einmal Dein eigenes Verhalten gegenüber dem anderen Geschlecht!

4. Totaler Kurswechsel!

Wer berühmt ist, hat es nicht leicht. Als wirklicher Star, ob Schauspielerin, Musiker, Sportler oder Showmaster, Model, Schriftstellerin, Politiker, oder Wissenschaftler darf man zwar seine Popularität genießen, doch hat der Ruhm bekanntlich auch seine Schattenseiten. Nicht wenige sind neidisch auf den Erfolg, die Schönheit, das Geld, die Macht, die Villa usw. So schnell wie einen die Gunst der Medien und des Publikums nach oben gespült haben, so rasch bröckelt eine Karriere eventuell auch wieder. Ein entlarvender Pressebericht z. B. über ein wenig ruhmreiches Kapitel in der Vergangenheit - und schon hat der gute Ruf eine Schramme. Ein persönliches Vergehen, das nicht ins Bild passt - und schon hat das Ansehen einen Knick. Eine unbedachte Äußerung oder eine unkontrollierte Handlung in aller Öffentlichkeit - und schon ist aus dem tollen Kerl ein übler Bursche geworden. Gestern noch bewundert, heute gemieden.

Vor allem in den allzu menschlichen Dingen zeigt sich, dass der umjubelte Superstar auch nur ein Mensch mit ganz durchschnittlichen Fehlern und Schwächen ist. Aber gerade diese „menschlichen" Seiten sind ja *nicht* der Grund, warum er von so vielen Menschen angehimmelt wird. Er oder sie verkörpert vielmehr etwas, das die ungezählten „Normalos" eben nicht haben oder sind, von dem sie aber gerne träumen: eine Figur wie ein Top-Model oder die Muskelpakete des aktuellen Action-Stars im Kino - selbst wenn manche das nicht gerne zugeben werden. Doch die hier angesprochenen Sehnsüchte nach Anerkennung,

Macht, Geborgenheit usw. sitzen tief und fest in jeder menschlichen Seele. Sie verhalten sich wie ein paar gefräßige Haustiere: dauernd wollen sie gefüttert und gestreichelt werden. Und sie verlangen eine ganz bestimmte Nahrung, sonst können sie ziemlich unangenehm werden oder aber sie besorgen sich auf Umwegen das verweigerte Futter.

Kurzum: Wer berühmt, erfolgreich und wohlhabend ist, der ist das nicht nur für sich allein. Er ist es wesentlich auch für all die anderen, denen es nicht so ergeht. Schon ein Bild des Verehrten zu besitzen, ein Autogramm oder einen sonstigen Gegenstand, der an ihn erinnert, lässt dann ein kleines bisschen vom großen Glanz herüberscheinen, erlaubt ein winziges Maß von *Teilnahme* am Schicksal dessen, der im Rampenlicht steht, seine Wünsche erfüllen konnte und dadurch ein Leben führt, wie es nur einer Minderheit vergönnt ist. Das ergibt reichlich Stoff zum Träumen. Wer also für andere Menschen das verkörpert, was diese zutiefst selber gern sein oder haben möchten, der wird schließlich zu einer überdimensionalen Leinwand, auf die jeder seine eigenen unerfüllten Wünsche, Sehnsüchte und Bedürfnisse (oder auch seine Neid- und Hassgefühle) aufmalt.

Der konkrete Mensch, dem alle diese fremden Übermalungen gelten, geht mit der Zeit hinter den vielen Projektionen verloren - wenigstens in den zahllosen Augen, die ständig auf ihn gerichtet sind.

Gegen das, was andere in der eigenen Person sehen wollen, ist man weithin machtlos. Das trifft zwar die prominenteren Leute viel mehr, doch wirst Du vielleicht auch schon die Erfahrung gemacht haben, dass Dich jemand total anders wahrnimmt als Du Dich selber. Wenn dieser Unterschied einmal ehrlich ausgesprochen wird, ergibt sich so manch ernüchternder Aha-Effekt. Man ist dann immer wieder erstaunt, wie weit die Einschätzungen einer Person (zumal der eigenen!) auseinanderliegen können - und mit welchen Folgen! Dabei wird unübersehbar deutlich, wie wenig „objektiv" oft unsere Wahrnehmungen sind und wie stark sie von anderen Einflüssen, die uns meist nicht bewusst sind, rundum „eingefärbt" werden.

Wir haben es also mit einem allgemein menschlichen Phänomen zu tun, von dem jeder auf irgendeine Weise mitbetroffen ist. Jeder, der versucht, Dir eine Sache zu erklären, tut dies eben *so, wie er die Sache sieht*.

Bei allem Bemühen um Sachlichkeit und Objektivität schleicht sich immer auch eine (mehr oder weniger) kleine Portion an höchst persönlicher Sichtweise, an Subjektivität, ein. (Das gilt selbstverständlich auch für das, was ich hier schreibe!)

Das ist also absolut normal und auch nicht schlimm. Wir müssen lediglich ein wachsames Auge haben und unseren Verstand benutzen, damit wir trotz aller Verfärbungen noch einen roten Faden erwischen. Und weil sich dieser „Virus", der unseren Blick gewissermaßen unbemerkt manipuliert, quasi bei jedem Menschen eingenistet hat, dann bleiben auch kein Lebensbereich und kein Thema davon völlig verschont.

Erst recht nicht die Religion. Denn sie reicht in noch tiefere Schichten der Seele als alle anderen Themengebiete. Nicht zuletzt die Religionsstifter waren für spätere Generationen ein nützliches und ergiebiges Objekt des eigenen Denkens, der Fantasie und auch der Begründung von Macht und Autorität.

Wer tot ist, kann sich nicht mehr wehren gegen das, was man über ihn erzählt. Wenn dann die harten Fakten einer Lebensgeschichte nicht genügend hergeben oder gar nicht wirklich interessieren, wird eben mit guter Absicht etwas dazugedichtet, was gut ins Bild passt und durchaus auch so hätte passiert sein können. Nach vielen Generationen sind schließlich die historische Wahrheit und die fromme Legendenbildung so miteinander verschmolzen, dass es schwierig wird, die Spreu wieder vom Weizen zu trennen.

Einen derartigen Übermalungs-Prozess kennen wir auch im Christentum. Im Laufe der Jahrhunderte hat sich das Jesus-Bild in den Köpfen und Herzen der Menschen stark verändert. Mal war er der leidende Gottesknecht, mal der kosmische Herrscher, der im Tod Verklärte, der Weltenrichter am Jüngsten Tag, mal der Prophet und Lehrer, der Hohepriester oder das geopferte „Lamm Gottes", dann wieder der Wundertäter, der Revolutionär oder der große Pazifist.

Und das sind noch lange nicht alle Vorstellungen und Bilder, die sich Menschen von ihm machten. Jede Epoche zeichnete sich irgendwie gerade das Profil dieses Mannes aus Nazaret, das ihr entsprach.

Unser Jahrhundert bildet da keine Ausnahme. Es ist gekennzeichnet von einem verstärkten wissenschaftlichen Bemühen, etwas Genaueres über den historischen Menschen Jesus zu erfahren. Das Ergebnis blieb allerdings mager, und so sind wir weiterhin zuerst auf die Schriften des Neuen Testamentes angewiesen, wenn wir uns ein Bild von Jesus machen wollen.

Aber noch eine andere Strömung der Jesus-Forschung hat in jüngster Zeit besondere Aufmerksamkeit gefunden: das Interesse an dem konkreten *Menschen* sowie an seiner Rolle als *Mann*. Die Glaubenstradition stellt ihn uns seit jeher als Sohn Gottes, als Messias und Erlöser vor.

Das ist die *religiöse, theologische Ebene*. Ursprünglicher und weniger pompös ist dagegen die darunter liegende *menschliche Ebene*. Schließlich war Jesus ein Wesen aus Fleisch und Blut, ein Mensch wie Du und ich, mit allem was dazugehört. Neben allen großen Worten und Titeln, die mit seinem Namen verknüpft wurden, muss das immer wieder hervorgehoben werden.

In den vier Evangelien wird an vielen Stellen betont, wie sehr Jesus von typisch menschlichen Regungen bestimmt wird: er freut sich, hat Hunger und Durst, ist von Mitleid bewegt, wird müde und sucht die Einsamkeit, kennt die Angst, leidet Schmerzen, wird auch mal zornig und hat eine besondere Zuneigung zu Kindern. Zu dem, was später der Glaube in ihm sieht, ist er im Verlauf seines Lebens erst geworden. So ist er nicht nur Schritt für Schritt in die Religion des jüdischen Volkes hineingewachsen, er erlernte auch (wie jeder Sohn zu dieser Zeit) den Beruf seines Vaters, der als Bauhandwerker arbeitete.

Er wird auch so seine Probleme mit den Eltern und dem Erwachsenwerden gehabt haben. Vielleicht war er als Jüngling einmal bis über beide Ohren verliebt oder hat mit seinen Kameraden herumgealbert und gerauft.

So etwas zu denken und anzunehmen tut der Ernsthaftigkeit des Glaubens keinen Abbruch. Wir nehmen damit nur radikal ernst, dass Jesus auch voll und ganz ein Mensch war und nicht als „Sohn Gottes" quasi in göttlicher Vollkommenheit vom Himmel herabgestiegen ist. Jesus war nicht perfekt. Er hat zwar andere Menschen mit seinem Glauben angesteckt und ihnen wieder neuen Mut gegeben, er hat jedoch auch selber in seinem Glauben dazugelernt!

Matthäus (Mt 15,21-28) und Markus (Mk 7,24-30) überliefern uns eine Geschichte, in der genau das passiert. Doch das Pikante daran ist die Tatsache, dass Jesus ausgerechnet von einer Frau zu einem anderen Denken und Handeln bewegt wird!

Wir schauen uns am besten beide Versionen der Geschichte an, damit Du sehen kannst, wie schon kleine Änderungen der Beschreibung einer Szene einen ganz anderen Klang geben können. Schau also genau hin:

Die Version von Matthäus:

21 Jesus ging dann von dort weg und zog sich in die Gegend von Tyrus und Sidon zurück.
22 Da kam eine kanaanäische Frau aus jenem Gebiet her und rief ihn laut an: »Erbarme dich meiner, Herr, du Sohn Davids! Meine Tochter wird von einem bösen Geist schlimm geplagt!«

23 Er antwortete ihr aber kein Wort. Da traten seine Jünger zu ihm und baten ihn: »Fertige sie doch ab! Sie schreit ja hinter uns her!«

24 Er aber antwortete: »Ich bin nur zu den verlorenen Schafen des Hauses Israel (Mt 10,6) gesandt.«

25 Sie aber kam, warf sich vor ihm nieder und bat: »Herr, hilf mir!«

26 Doch er erwiderte: »Es ist nicht recht, den Kindern das Brot zu nehmen und es den Hündlein hinzuwerfen.«

27 Darauf sagte sie: »O doch, Herr! Die Hündlein bekommen ja auch von den Brocken zu essen, die vom Tisch ihrer Herren fallen.«

28 Da antwortete ihr Jesus: »O Frau, dein Glaube ist groß; dir geschehe, wie du es wünschest!« Und ihre Tochter wurde von dieser Stunde an gesund.

(Übersetzung: Hermann Menge)

Nun die Version von Markus:

24 Er brach dann von dort auf und begab sich in das Gebiet von Tyrus. Als er dort in einem Hause Aufnahme gefunden hatte, wünschte er, daß niemand es erführe; doch er konnte nicht verborgen bleiben,

25 sondern alsbald hörte eine Frau von ihm, deren Töchterlein von einem unreinen Geist besessen war; sie kam also und warf sich vor ihm nieder –

26 die Frau war aber eine Griechin (= griechisch redende Heidin), ihrer Herkunft nach eine Syrophönizierin – und bat ihn, er möchte den bösen Geist aus ihrer Tochter austreiben.

27 Da entgegnete er ihr: »Laß zuerst die Kinder satt werden; denn es ist nicht recht, das den Kindern zukommende Brot zu nehmen und es den Hündlein hinzuwerfen.«

28 Sie aber gab ihm zur Antwort: »O doch, Herr! Auch die Hündlein bekommen ja unter dem Tisch von den Brocken der Kinder zu essen.«

29 Da sagte er zu ihr: »Um dieses Wortes willen gehe heim: der böse Geist ist aus deiner Tochter ausgefahren.«

30 Als sie nun in ihr Haus zurückkam, traf sie ihr Kind an, wie es ruhig auf dem Bett lag, und der böse Geist war ausgefahren.

(Übersetzung: Hermann Menge)

Welche Unterschiede fallen Dir auf? Aus welchem Grund erzählt Matthäus (etwa 10-15 Jahre nach Markus) dieselbe Geschichte in veränderter Form? Womit begründet Jesus seine Ablehnung? Wie stimmt die Frau ihn um? Wie kommt es zur Heilung der Tochter, von der wir nur wenig erfahren und die selbst überhaupt nicht anwesend ist? Was hat das Gespräch zwischen Jesus und der Mutter mit der Krankheit der Tochter zu tun?

Du merkst schon, es ist eine ungewöhnliche und hintergründige Szene. Also schön der Reihe nach. Die Geschichte erscheint wie eine Ellipse mit zwei Brennpunkten. Da ist einerseits das höchst denkwürdige Gespräch zwischen Jesus und dieser heidnischen Frau, andererseits die Heilung der Tochter, die aber fast nur beiläufig erwähnt wird. Beides muss aber wohl irgendwie zusammenhängen.

Fangen wir bei Jesus an. Er hat sich wohl ein paar ruhige Tage gönnen wollen und war darum mit seinen Jüngern in eine Gegend gezogen, die kein jüdisches Siedlungsgebiet mehr war. Er nahm an, es werde ihn hier niemand kennen und es werde nicht gleich wieder einen Volksauflauf oder eine Grundsatz-diskussion mit einem eifernden Schriftgelehrten geben. Aber falsch gedacht: Sein Ruf als Heiler ist offensichtlich schon über die Landesgrenzen von Galiläa hinausgedrungen.
Ausgerechnet eine Heidin (!) verlangt von ihm, einem gläubigen Juden, die Heilung ihrer Tochter. Und er gibt ihr auch gleich eine unmissverständliche Antwort.

Als Nichtjüdin sei sie es gar nicht wert, seine Hilfe zu erbitten. Er sei nicht zu den Heiden geschickt worden, sondern nur zu den Juden, dem auserwählten Volk, macht er (bei Markus) der Frau und (bei Matthäus) den Jüngern klar. Mit dieser Frau habe er nichts zu schaffen, ihr Problem sei nicht seine Sache.

Die Frau jedoch zeigt sich hartnäckiger als erwartet - und schlagfertiger! Dass er sie als Heidin ungeniert mit einem Hund vergleicht, überspielt sie einfach, indem sie seinen Vergleich aufgreift, ihm erstmal zustimmt, um sogleich den Spieß umzudrehen.

Ihr Einwand, selbst den Hunden gönne man doch die herabfallenden Krümel, setzt den gerade noch so selbstbewusst und etwas arrogant auftretenden Jesus faktisch matt.

Hier muss er wohl ins Grübeln gekommen sein über seine Rolle als Lehrer des Glaubens und über die Tragweite seiner Botschaft. Bisher war er felsenfest davon überzeugt, nur „zu den verlorenen Schafen des Hauses Israel gesandt" zu sein. Aber was war mit den verlorenen Schafen der anderen Völker, mit all denen, die vielleicht Gott mit ebenso aufrichtigem Herzen suchen? Sollte Gott wirklich nur denen entgegenkommen wollen, die jüdisches Blut in ihren Adern fließen hatten? Waren die anderen Menschen und Völker nicht auch seine Geschöpfe, Kinder Gottes? Sollten sie seine Botschaft nicht hören dürfen?

War es falsch, auch ihnen zu einem besseren Leben und einem befreienden Glauben zu verhelfen? Hatte er nicht gelernt und geglaubt, dass Gott sich bewusst das Volk der Juden auserwählt und einen Bund mit ihm geschlossen hatte?

Diese Frau hier, die ihn so unnachgiebig um Hilfe für ihre kranke Tochter anflehte, nagte an seiner Glaubenstradition. Aber sie hatte verflixt nochmal Recht! Der Gott, den er vertrat, durfte keiner sein, der nur die Angehörigen eines bestimmten Volkes bevorzugt und alle anderen Menschen im Regen stehen lässt. Der Glaube, wie er ihn verstand, sollte keine nationalen oder rassischen oder sonstigen Grenzen kennen. Die Botschaft vom Gottesreich galt allen Menschen, egal welcher Herkunft, Hautfarbe oder Sprache.

Den Glauben so großherzig zu verstehen und ihn bedingungslos jedem Menschen vorzustellen und anzubieten, das hatte ihn nun diese Frau gelehrt. Er spricht ihr gegenüber auch seine Bewunderung aus und ist tief beeindruckt von der Kraft ihres Glaubens.

Sowohl Jesus als auch die Frau sind nach dieser Begegnung andere geworden. Er hat seine religiös-nationale Brille ablegen können, während in der Frau sich etwas verändert hat, das sie als Mutter anders heimkehren lässt.

Dort ist inzwischen das eingetreten, wofür sie so engagiert gekämpft hatte, die Heilung ihrer Tochter.

Um besser verstehen zu können, was es mit der Krankheit des Mädchens auf sich hat, ist es hilfreich, den Weg einer psychologischen Auslegung der Bibel einzubeziehen. Diese Methode richtet unsere Aufmerksamkeit auf das Innenleben der handelnden Personen und auf ihre Beziehungen zueinander.

Von der kranken Tochter hören wir nur, sie sei von einem „Dämon" besessen. Wir sprachen schon davon, dass diese Diagnose zu jener Zeit eine geläufige Erklärung für eine psychische Störung oder eine seelische Notlage war. Wenn man jemand als „besessen" bezeichnet, soll damit ausgedrückt werden, wie stark er von Kräften beherrscht wird, die offenbar nicht aus ihm selber stammen.

In einem solchen Zustand ist ein Mensch nicht mehr „Herr im eigenen Haus", wird in seinem Denken, Fühlen und Handeln von einem fremden Impuls gesteuert. Alles Reden und Tun zeigt nach außen, wie unfrei er in seiner ganzen Persönlichkeit ist. Er ist faktisch nicht er selbst, sondern ein anderer.

Wenn Du Deine Zeitgenossen lange genug beobachtest, wirst Du solche Formen von „Besessenheit" in ganz verschiedenen Gewändern und unterschiedlich starker Ausprägung finden können:

* Da kann man aus dem Mund von Kindern und Jugendlichen letztlich genau den Vater oder die Mutter reden hören. Sie spiegeln exakt deren Denkweise, deren Redestil und deren Wertvorstellungen.

* Da imitiert jemand in seinem Verhalten, durch seine Frisur, seine Kleidung usw. detailgetreu sein Ideal von der Leinwand oder aus dem Showgeschäft.

* Da identifiziert sich einer so sehr mit seiner Clique, dass er völlig kritiklos jeden Unfug mitmacht und so vielleicht sogar straffällig wird.

* Da steigert sich einer in ein rechtsradikales Denken hinein, schlägt brutal und voller Überzeugung ausländische Mitbürger zusammen, trägt Nazi-Symbole und wünscht sich wieder einen „Führer".

* Da ist jemand so restlos fixiert auf die Vorstellung, etwas Bestimmtes haben oder tun zu müssen, dass er sein Ziel wie mit Scheuklappen verfolgt und nichts anderes mehr wahrnimmt, schon gar keine Kritik oder Alternative.

* Da ist einer von der Idee beherrscht, man müsse spätestens bis zum 16. Lebensjahr schon hinreichend sexuelle Erfahrungen gesammelt haben, weil man sonst „hinter dem Mond" lebe und nicht mitreden könne.

Beispiele ließen sich noch genügend anfügen. Natürlich ist es wichtig, zwischen mehr oder weniger harmlosen, gefährlichen und krankhaften „Besessenheiten" bzw. „Dämonen" zu unterscheiden.

Gemeinsam sind allen Fällen jedoch die Fremdbestimmung und damit das Fehlen einer eigenständigen Entscheidung. Wer derart stark vom Denken und Fühlen eines anderen, von einer Zwangsvorstellung, vom Diktat einer Gruppe, den eigenen Trieben, der angesagten Mode oder anderen Trends und Vorgaben bestimmt wird, gleicht mehr einer Marionette als einem Menschen. Er wird immer abhängig und gefesselt bleiben und nie zu sich selber finden.

Bei der Tochter in unserer Geschichte trägt der „Dämon" vermutlich noch ein anderes Gesicht. Da wir über diese Familie lediglich erfahren, dass sie aus Mutter und Tochter besteht, also kein Vater vorhanden zu sein scheint, muss der Schlüssel wohl in dieser Richtung zu finden sein.

Überlege einmal selber mit: Worin liegt eventuell Konfliktstoff bei einer Mutter-Tochter-Beziehung? (Welche Beobachtungen und Erfahrungen hast Du selber diesbezüglich schon gemacht?)
Was bedeutet es für diese Mutter, nur dieses eine Kind zu haben? Was bedeutet es für die Tochter, als einziges Kind bei der Mutter zu leben? Mit welchen Gefühlen denken beide vielleicht an ihre Zukunft?
Was könnte eine Tochter meinen, wenn sie sagt: „Es macht mich regelrecht krank, wenn meine Mutter..."? Was möchtest Du in der Erziehung Deiner Kinder einmal anders machen als Deine Eltern? Warum?

Was dieser Tochter das Leben schwergemacht hat, mag durchaus ein Übermaß an ängstlicher Behütung durch die Mutter gewesen sein. Sie meinte es vielleicht besonders gut mit ihrem Kind und wollte alle Gefahren und schädlichen Einflüsse von ihm fernhalten. Insbesondere die Mütter neigen bisweilen dazu, in allen Situationen, in denen sich ihr Kind je befindet, gleich die Risiken zu wittern und dementsprechend zu handeln.
Bei Töchtern wirkt sich dieses beschützende Verhalten meist deutlicher aus als bei den Söhnen. Jungs dürfen abends oft länger wegbleiben als ihre Schwestern, denen offensichtlich leichter „etwas zustoßen" kann. Die Nachrichten unserer Tage bestätigen leider vielfach diese Befürchtungen.

Das verständliche und berechtigte Bemühen einer Mutter, ihr Kind vor Schaden zu bewahren, kann allerdings auch sehr bedenkliche Formen annehmen. Dann wird aus der schützenden Hand, die Unheil abwenden will, leicht eine bedrohlich einschränkende, die aus übertriebener Ängstlichkeit und Sorge das Kind in einem goldenen Käfig einsperrt:

* Wenn das Kind nicht mehr allein auf die Straße geht, kann es auch nicht von einem Auto angefahren werden,
* wenn der Sohn seine Freunde immer nur in der elterlichen Wohnung treffen darf, wird er auch keinen „schlechten Umgang" haben,
* wenn die Tochter am Abend bis spätestens neun Uhr zu Hause sein muss, wird sie erst gar nicht dem gefährlichen Nachtleben ausgesetzt, usw.

Du magst vielleicht darüber lächeln, sofern Du über andere Erfahrungen verfügst. Doch ich nehme an, Du kannst dir vorstellen, wie sich so ein elterliches Verhalten auswirken kann. Wenn sich die gute Absicht in ihr Gegenteil verkehrt und aus der Geborgenheit ein Gefängnis wird, dann wird dadurch auch jede Eigenständigkeit und jede Entwicklungsmöglichkeit im Keim erstickt. Das Kind wird buchstäblich lahmgelegt.

Und es kann auch so verlaufen, dass ein Kind die ständig im Raum stehende Ängstlichkeit der Mutter spürt, sein Verhalten aus Rücksicht anpasst und so schrittweise diese Hemmung und Risikoscheu verinnerlicht. Dann pflanzt sich am Ende der „Dämon" einer übersteigerten Angst in der Seele des Kindes fort.

Eigentlich lebt jetzt in dieser Übertragung der Geist der Mutter in dem Kind weiter. Er liegt wie ein verdunkelnder Schleier über dessen Leben und behindert auf vielfältige Weise eine Entfaltung und Reifung der Persönlichkeit.

Die Mutter hat wahrscheinlich in dem Gespräch mit Jesus etwas von dieser fatalen Konsequenz ihrer fast grenzenlosen Sorge um das Wohl ihrer Tochter gespürt. Wenn nämlich schon dieser Gottesmann in seinem Bemühen um das Heil der Menschen sich selber Grenzen setzte (die nur nicht ausgrenzend werden sollten!) und um die Begrenztheit seiner eigenen Kräfte und Möglichkeiten wusste, dann galt das erst recht auch für sie selber. Sie merkte wohl in diesem Moment, wie unmöglich und zugleich schädlich es sein kann, wenn man versucht, die Verantwortung für ein anderes Leben - und sei es das von dem am meisten geliebten Menschen - gänzlich auf die eigenen Schultern zu laden. Das ist gerade nicht die Liebe, die den anderen stärkt und ihm leben hilft.

Und solche gutgemeinte Umklammerung entsprach auch nicht dem lebensfreundlichen Glauben, den Jesus vermittelte. Er ermutigte die Menschen immer, das Leben nicht krampfhaft in den eigenen Händen festzuhalten, sondern in einer vertrauens-bereiten Offenheit zu leben.

Offen zu anderen Menschen, offen für neue Erfahrungen und offen auf die Zukunft hin. Dieser Glaube sollte frei machen von falschen Zwängen und zu einem Mindestmaß an Gelassenheit verhelfen, mit dem sich die Unebenheiten und Kurven auf dem Lebensweg besser bewältigen lassen.

Jesus beruhigt sie zum Schluss mit der positiven Feststellung, dass ihre Tochter gesund sei. Er hätte auch sagen können:

„Deine Tochter ist ein eigenständiger Mensch, der zu seiner gesunden Entwicklung lediglich den notwendigen Freiraum, Deine helfende Hand und eine gute Portion Selbstvertrauen braucht. Das kannst Du ihr nur geben, wenn du sie nicht ständig auf dem Arm trägst und sie nicht immer in Watte einhüllst. Hilf ihr selber zu gehen und an ihre eigenen Kräfte zu glauben. Du kannst sie nicht vor allem Unheil bewahren. Aber sie kann durchaus mit den dunklen Seiten des Lebens fertig werden, wenn sie gewiss sein darf, sie ist nicht allein! Du kannst nur dein eigenes Leben leben. Gib also auch ihr die Möglichkeit, ihren eigenen Weg zu finden!"

Die Frau ging jedenfalls gelöster nach Hause als sie gekommen war. Daheim fand sie, wie der Text sagt, ihre Tochter geheilt vor. Das meint wohl zuerst ihren eigenen veränderten (geheilten) Blick auf ihre Tochter. Sie sieht sie jetzt mit anderen Augen. Andererseits wird sich das veränderte Verhalten der Mutter auch entkrampfend auf das Verhältnis der beiden zueinander ausgewirkt haben. Sie konnten sich beiderseits jetzt anders wahrnehmen und miteinander einen neuen Anfang wagen.
Auch das ist ein Stück Auferstehung!

III. Die berühmteste Rede aller Zeiten - und die gefährlichste

Es geht nun darum...

* wie heilsam-beunruhigend selbst sanfte Worte sein können und welche Verrenkungen wir manchmal anstellen, damit sie nicht bei uns ankommen,

* wie problematisch es teilweise sein kann zu sagen, was eigentlich Sache ist und wie einäugig oder gar blind wir oft für das Nächstliegende sind,

* wie revolutionär es sich auswirken kann, wenn man nicht das Erwartete tut und mit seinem Herzen ein paar Schritte weiterdenkt,

* wie uns viele kleine Dinge, wenn wir zu sehen verstehen, ein Zeichen geben, was im Leben wichtig ist und warum es glücklicher macht, dem einzelnen Augenblick wachsam zu begegnen.

1. Ein anderes Leben ist angesagt!

Es gibt nur wenige Schriften in der Weltliteratur, deren Inhalt quasi unbegrenzt haltbar ist. Selbst nach Jahrtausenden geht von ihnen immer noch eine fast magische Wirkung aus. Einer dieser Texte ist die Bergpredigt. Sie umfasst die Kapitel fünf bis sieben des Matthäus-Evangeliums (etwas verändert nochmals bei Lukas 6,20-49) und bündelt dort auf knappem Raum, was man eine christliche Lebensweise und Moral nennen könnte.

Damit Du besser verstehen kannst, was ich meine, sollten wir gleich mal einen Blick in dieses ungewöhnliche Dokument werfen:

Kap.5

1 Als Jesus nun die Volksscharen sah, ging er ins Gebirge (oder: auf den Berg) hinauf, und nachdem er sich dort gesetzt hatte, traten seine Jünger zu ihm.
2 Da tat er seinen Mund auf und lehrte sie mit den Worten:
3 »Selig sind die geistlich Armen, denn ihnen wird das Himmelreich zuteil!
4 Selig sind die Bekümmerten, denn sie werden getröstet werden! –
5 Selig sind die Sanftmütigen, denn sie werden das Land ererben (oder: die Erde besitzen)!
6 Selig sind, die nach der Gerechtigkeit hungern und dürsten, denn sie werden gesättigt werden! –
7 Selig sind die Barmherzigen, denn sie werden Barmherzigkeit erlangen!
8 Selig sind, die reinen Herzens sind, denn sie werden Gott schauen!
9 Selig sind die Friedfertigen, denn sie werden Söhne Gottes heißen! –
10 Selig sind, die um der Gerechtigkeit willen Verfolgung erleiden, denn ihnen wird das Himmelreich zuteil!

11 Selig seid ihr, wenn man euch um meinetwillen schmäht und verfolgt und euch lügnerisch alles Böse nachredet!
12 Freuet euch darüber und jubelt, denn euer Lohn ist groß im Himmel! Ebenso hat man ja auch die Propheten vor euch verfolgt.«

13 »Ihr seid das Salz der Erde! Wenn aber das Salz fade geworden ist, womit soll es wieder gesalzen werden (d.h. seine Salzkraft zurückerhalten)? Es taugt zu nichts mehr, als aus dem Hause geworfen und von den Leuten zertreten zu werden. –

14 Ihr seid das Licht der Welt! Eine Stadt, die oben auf einem Berge liegt, kann nicht verborgen bleiben.
15 Man zündet auch nicht ein Licht an und stellt es unter den Scheffel, sondern auf den Leuchter: dann leuchtet es allen, die im Hause sind.
16 Ebenso soll auch euer Licht vor den Menschen leuchten, damit sie eure guten Werke sehen und euren Vater, der im Himmel ist, preisen.«

17 »Denkt nicht, daß ich gekommen sei, das Gesetz oder die Propheten aufzulösen (= aufzuheben)! Ich bin nicht gekommen aufzulösen, sondern zu erfüllen.
18 Denn wahrlich ich sage euch: Bis Himmel und Erde vergehen, wird vom Gesetz nicht ein einziges Jota (d.h. der kleinste Buchstabe) und kein Strichlein vergehen, bis alles in Erfüllung gegangen ist.
19 Wer also ein einziges von diesen Geboten – und wäre es das geringste – auflöst und die Menschen demgemäß lehrt, der wird der Geringste im Himmelreich heißen; wer sie aber tut und (die Menschen) so lehrt, der wird groß im Himmelreich heißen.

20 Denn ich sage euch: Wenn es mit eurer Gerechtigkeit nicht weit besser bestellt ist als bei den Schriftgelehrten und Pharisäern, so werdet ihr nimmermehr ins Himmelreich eingehen!«

21 »Ihr habt gehört, daß den Alten (= Vorfahren) geboten worden ist: ›Du sollst nicht töten‹, wer aber tötet, soll dem Gericht verfallen sein.

22 Ich dagegen sage euch: Wer seinem Bruder auch nur zürnt, der soll dem Gericht verfallen sein; und wer zu seinem Bruder ›Dummkopf‹ sagt, soll dem Hohen Rat verfallen sein; und wer ›du Narr‹ (= Gottloser) zu ihm sagt, soll der Feuerhölle verfallen sein.

23 Wenn du also deine Opfergabe zum Altar bringst und dich dort erinnerst, daß dein Bruder etwas gegen dich hat,

24 so laß deine Gabe dort vor dem Altar und gehe zunächst hin und versöhne dich mit deinem Bruder; alsdann geh hin und opfere deine Gabe!

25 Sei zum Vergleich mit deinem Widersacher (= Prozeßgegner) ohne Säumen bereit, solange du mit ihm noch auf dem Wege (zum Richter) bist, damit dein Widersacher dich nicht dem Richter übergibt und der Richter dich dem Gerichtsdiener (überantwortet) und du ins Gefängnis gesetzt wirst.

26 Wahrlich ich sage dir: Du wirst von dort sicherlich nicht herauskommen, bis du den letzten Pfennig bezahlt hast.

27 Ihr habt gehört, daß (den Alten) geboten worden ist (2.Mose 20,14): ›Du sollst nicht ehebrechen!‹

28 Ich dagegen sage euch: Wer eine Ehefrau auch nur mit Begehrlichkeit anblickt, hat damit schon in seinem Herzen Ehebruch an ihr begangen.

29 Wenn dich also dein rechtes Auge ärgert (oder: zum Bösen verführen will), so reiß es aus und wirf es weg von dir; denn es ist besser für dich, daß eines deiner Glieder (dir) verloren geht, als daß dein ganzer Leib in die Hölle geworfen wird.

30 Und wenn deine rechte Hand dich ärgert (oder: zum Bösen verführen will), so haue sie ab und wirf sie weg von dir; denn es ist besser für dich, daß eines deiner Glieder verloren geht, als daß dein ganzer Leib in die Hölle geworfen wird. –

31 Ferner ist (zu den Alten) gesagt worden (5.Mose 24,1): ›Wer seine Ehefrau entläßt (oder: sich von seiner Frau scheiden will), der soll ihr einen Scheidebrief geben!‹

32 Ich dagegen sage euch: Wer sich von seiner Frau scheidet – außer auf Grund von Unzucht –, der verschuldet es, daß dann Ehebruch mit ihr verübt wird; und wer eine entlassene (oder: geschiedene) Frau heiratet, der begeht Ehebruch.

33 Ihr habt weiter gehört, daß den Alten geboten worden ist (3.Mose 19,12; 4.Mose 30,3-4): ›Du sollst nicht falsch schwören‹, ›sollst aber dem Herrn deine Eide erfüllen!‹

34 Ich dagegen sage euch: Ihr sollt überhaupt nicht schwören, weder beim Himmel, denn er ist Gottes Thron,

35 noch bei der Erde, denn sie ist der Schemel seiner Füße, noch bei Jerusalem, denn es ist die Stadt des großen Königs (d.h. Gottes).

36 Auch bei deinem Haupte sollst du nicht schwören, denn du vermagst kein einziges Haar weiß oder schwarz zu machen.

37 Eure Rede sei vielmehr ›ja ja – nein nein‹; jeder weitere Zusatz ist vom Übel (oder: stammt vom Bösen).

38 Ihr habt gehört, daß (den Alten) geboten worden ist (2.Mose 21,24; 3.Mose 24,19-20): ›Auge um Auge und Zahn um Zahn!‹

39 Ich dagegen sage euch: Ihr sollt dem Bösen (= der Bosheit) keinen Widerstand leisten; sondern wer dich auf die rechte Wange schlägt, dem halte auch die andere hin,

40 und wer mit dir einen Rechtsstreit anfangen und dir den Rock nehmen (= pfänden) will, dem überlaß auch noch den Mantel,

41 und wer dich zu einer Meile Weges nötigt (= preßt), mit dem gehe zwei.

42 Wer dich (um etwas) bittet, dem gib, und wer (Geld) von dir borgen will, den weise nicht ab!

43 Ihr habt gehört, daß (den Alten) geboten worden ist (3.Mose 19,18); ›Du sollst deinen Nächsten lieben, und deinen Feind hassen!‹

44 Ich dagegen sage euch: Liebet eure Feinde und betet für eure Verfolger,

45 damit ihr euch als Söhne (bzw. Kinder) eures himmlischen Vaters erweist. Denn er läßt seine Sonne über Böse und Gute aufgehen und läßt regnen auf Gerechte und Ungerechte.

46 Denn wenn ihr (nur) die liebt, die euch lieben, welches Verdienst habt ihr da (oder: welchen Lohn habt ihr dafür zu erwarten)? Tun das nicht auch die Zöllner?

47 Und wenn ihr nur eure Freunde grüßt, was tut ihr da Besonderes? Tun das nicht auch die Heiden?

48 Darum sollt ihr vollkommen sein, wie euer himmlischer Vater vollkommen ist.«

Kap. 6

1 »Gebt acht darauf, daß ihr eure Gerechtigkeit (= Wohltätigkeit, das Spenden von Almosen) nicht vor den Leuten ausübt, um von ihnen gesehen zu werden: sonst habt ihr keinen Lohn (zu erwarten) bei eurem Vater im Himmel!

2 Wenn du also Almosen spenden willst, so laß nicht vor dir her posaunen, wie es die Heuchler (oder: Scheinheiligen) in den Synagogen und auf den Straßen tun, um von den Leuten

gerühmt zu werden. Wahrlich ich sage euch: Sie haben ihren Lohn dahin (= damit schon empfangen).
3 Nein, wenn du Almosen gibst, so laß deine linke Hand nicht wissen, was deine rechte tut,
4 damit deine Wohltätigkeit im Verborgenen geschehe (oder: bleibe); dein Vater aber, der auch ins Verborgene hineinsieht, wird es dir alsdann vergelten.«

5 »Auch wenn ihr betet, sollt ihr es nicht wie die Heuchler machen; denn sie stellen sich gern in den Synagogen und an den Straßenecken auf und beten dort, um den Leuten in die Augen zu fallen; wahrlich ich sage euch: Sie haben ihren Lohn dahin.
6 Du aber, wenn du beten willst, so geh in deine Kammer, schließe deine Tür zu und bete zu deinem Vater, der im Verborgenen ist; dein Vater aber, der auch ins Verborgene hineinsieht, wird es dir alsdann vergelten.
7 Und wenn ihr betet, sollt ihr nicht plappern wie die Heiden; denn sie meinen, Erhörung zu finden, wenn sie viele Worte machen.
8 Darum macht es nicht wie sie; euer Vater weiß ja, was ihr bedürft, ehe ihr ihn bittet.
9 Darum sollt ihr so beten:

›Unser Vater, der du bist im Himmel: Geheiligt werde dein Name!
10 Dein Reich komme! Dein Wille geschehe wie im Himmel, so auch auf der Erde!
11 Unser auskömmliches Brot gib uns heute!
12 Und vergib uns unsere Schulden (= Verschuldungen), wie auch wir sie unsern Schuldnern vergeben haben!
13 Und führe uns nicht in Versuchung, sondern erlöse uns von dem Bösen!‹
14 Denn wenn ihr den Menschen ihre Verfehlungen vergebt, so wird euer himmlischer Vater sie auch euch vergeben;
15 wenn ihr sie aber den Menschen nicht vergebt, so wird euer Vater euch eure Verfehlungen auch nicht vergeben.«

16 »Weiter: Wenn ihr fastet, sollt ihr kein finsteres Gesicht machen wie die Heuchler; denn sie geben sich ein trübseliges Aussehen, um sich den Leuten mit ihrem Fasten zur Schau zu stellen. Wahrlich ich sage euch: Sie haben ihren Lohn dahin.
17 Du aber, wenn du fastest, salbe dir das Haupt und wasche dir das Gesicht,

18 um dich nicht mit deinem Fasten den Leuten zu zeigen, sondern deinem Vater, der im Verborgenen ist; dein Vater aber, der auch ins Verborgene hineinsieht, wird es dir alsdann vergelten.«

19 »Sammelt euch nicht Schätze hier auf der Erde, wo Motten und Rost sie vernichten und wo Diebe einbrechen und stehlen!
20 Sammelt euch vielmehr Schätze im Himmel, wo weder Motten noch Rost sie vernichten und wo keine Diebe einbrechen und stehlen!
21 Denn wo dein Schatz ist, da wird auch dein Herz sein. –
22 Die Leuchte des Leibes ist das Auge. Wenn nun dein Auge richtig (oder: gesund) ist, so wird dein ganzer Leib voll Licht sein (oder: helles Licht haben);
23 wenn aber dein Auge nichts taugt, so wird dein ganzer Leib finster (oder: in Dunkelheit) sein. Wenn also das in dir befindliche Licht Dunkelheit ist, wie groß muß dann die Dunkelheit sein! –

24 Niemand kann (gleichzeitig) zwei (sich widerstreitenden) Herren dienen; denn entweder wird er den einen hassen und den andern lieben, oder er wird dem einen ergeben sein und den andern mißachten: ihr könnt nicht (gleichzeitig) Gott und dem Mammon dienen.«
25 »Deswegen sage ich euch: Macht euch keine Sorgen um euer Leben, was ihr essen und was ihr trinken sollt, auch nicht um euren Leib, was ihr anziehen sollt. Ist nicht das Leben wertvoller als die Nahrung und der Leib wertvoller als die Kleidung?
26 Sehet die Vögel des Himmels an: sie säen nicht und ernten nicht und sammeln nichts in Scheuern, und euer himmlischer Vater ernährt sie doch. Seid ihr denn nicht viel mehr wert als sie?
27 Wer von euch vermöchte aber mit all seinem Sorgen der Länge seiner Lebenszeit auch nur eine einzige Spanne zuzusetzen?
28 Und was macht ihr euch Sorge um die Kleidung? Betrachtet die Lilien auf dem Felde, wie sie wachsen! Sie arbeiten nicht und spinnen nicht;
29 und doch sage ich euch: Auch Salomo in aller seiner Pracht ist nicht so herrlich gekleidet gewesen wie eine von ihnen.
30 Wenn nun Gott schon das Gras des Feldes, das heute steht und morgen in den Ofen geworfen wird, so kleidet: wird er das nicht viel mehr euch tun, ihr Kleingläubigen?

31 Darum sollt ihr nicht sorgen und sagen: ›Was sollen wir essen, was trinken, womit sollen wir uns kleiden?‹

32 Denn auf alles derartige sind die Heiden bedacht. Euer himmlischer Vater weiß ja, daß ihr dies alles bedürft.

33 Nein, trachtet zuerst nach dem Reiche Gottes und nach seiner Gerechtigkeit, dann wird euch all das andere obendrein gegeben werden.

34 macht euch also keine Sorgen um den morgenden Tag! Denn der morgende Tag wird seine eigenen Sorgen haben; jeder Tag hat an seiner eigenen Mühsal genug.«

Kap. 7

1 Richtet nicht, damit ihr nicht gerichtet werdet!

2 Denn mit demselben Gericht (oder: Urteil), mit dem ihr richtet, werdet ihr wieder gerichtet werden, und mit demselben Maße, mit dem ihr meßt, wird euch wieder gemessen werden.

3 Was siehst du aber den Splitter im Auge deines Bruders, während du den Balken in deinem eigenen Auge nicht wahrnimmst?

4 Oder wie darfst du zu deinem Bruder sagen: ›Laß mich den Splitter aus deinem Auge ziehen‹? Und dabei steckt der Balken in deinem Auge!

5 Du Heuchler, ziehe zuerst den Balken aus deinem Auge, dann magst du zusehen, wie du den Splitter aus deines Bruders Auge ziehst. –

6 Gebt das Heilige nicht den Hunden preis und werft eure Perlen nicht den Schweinen vor, damit diese sie nicht mit ihren Füßen zertreten und sich umwenden und euch zerreißen.«

7 »Bittet, so wird euch gegeben werden; suchet, so werdet ihr finden; klopfet an, so wird euch aufgetan werden!

8 Denn wer da bittet, der empfängt, und wer da sucht, der findet, und wer anklopft, dem wird aufgetan werden.

9 Oder wo wäre jemand unter euch, der seinem Sohne, wenn er ihn um Brot bittet, einen Stein reichte?

10 Oder der, wenn er ihn um einen Fisch bittet, ihm eine Schlange gäbe?

11 Wenn nun ihr, die ihr doch böse seid, euren Kindern gute Gaben zu geben versteht; wieviel mehr wird euer Vater im Himmel denen Gutes geben, die ihn bitten!«

12 »Alles nun, was ihr von den Menschen (= von anderen) erwartet, das erweist auch ihr ihnen ebenso; denn darin besteht (die Erfüllung) des Gesetzes und der Propheten. –

13 Gehet (in das Reich Gottes) durch die enge Pforte ein; denn weit ist die Pforte und breit der Weg, der ins Verderben führt, und es sind ihrer viele, die auf ihm hineingehen.
14 Eng ist dagegen die Pforte und schmal der Weg, der ins Leben führt, und nur wenige sind es, die ihn finden.«

15 »Hütet euch vor den falschen Propheten, die in Schafskleidern zu euch kommen, im Inneren aber räuberische Wölfe sind.
16 An ihren Früchten werdet ihr sie erkennen. Kann man etwa Trauben lesen von Dornbüschen oder Feigen von Disteln?
17 So bringt jeder gute (= gesunde) Baum gute Früchte, ein fauler Baum aber bringt schlechte Früchte;
18 ein guter Baum kann keine schlechten Früchte bringen, und ein fauler Baum kann keine guten Früchte bringen.
19 Jeder Baum, der nicht gute Früchte bringt, wird abgehauen und ins Feuer geworfen.
20 Also: an ihren Früchten werdet ihr sie erkennen.«

21»Nicht alle, die ›Herr, Herr‹ zu mir sagen, werden (darum schon) ins Himmelreich eingehen, sondern nur, wer den Willen meines himmlischen Vaters tut.
22Viele werden an jenem Tage (d.h. am Tage des Gerichts) zu mir sagen: ›Herr, Herr, haben wir nicht kraft deines Namens prophetisch geredet und kraft deines Namens böse Geister ausgetrieben und kraft deines Namens viele Wundertaten vollführt?‹
23 Aber dann werde ich ihnen erklären: ›Niemals habe ich euch gekannt; hinweg von mir, ihr Täter der Gesetzlosigkeit!‹

24 Darum wird jeder, der diese meine Worte hört und nach ihnen tut, einem klugen Manne gleichen, der sein Haus auf Felsengrund gebaut hat.
25 Da strömte der Platzregen herab, es kamen die Wasserströme, es wehten die Winde und stießen an (= gegen) jenes Haus; doch es stürzte nicht ein, denn es war auf den Felsen gegründet.

26 Wer jedoch diese meine Worte hört und nicht nach ihnen tut, der gleicht einem törichten Manne, der sein Haus auf den Sand gebaut hat.
27 Da strömte der Platzregen herab, es kamen die Wasserströme, es wehten die Winde und stürmten gegen jenes Haus: da stürzte es ein, und sein Zusammensturz war gewaltig.«

28 Als Jesus diese Rede beendet hatte, waren die Volksscharen über seine Lehre ganz betroffen;
29 denn er lehrte sie wie einer, der (göttliche) Vollmacht hat, ganz anders als ihre Schriftgelehrten.
(Übersetzung: Hermann Menge)

Nun versuche einmal, Deinen ersten Eindruck in Worte zu fassen! Welcher Teil hat Dich besonders angesprochen? Bei welchem Satz hast Du gestutzt oder mit dem Kopf geschüttelt? Wieso?

Du wirst sicher etwas von dem beinharten und kompromiss-losen Charakter dieser unvergleichlichen Rede gespürt haben. Sie ist und bleibt ein stacheliger Text. Er kann wohl auch niemanden unberührt lassen, denn es geht um Deine und meine Lebenspraxis, darum, nach welchen Spielregeln wir unseren Alltag gestalten.

Matthäus trumpft schon mit seiner Überschrift auf, als solle sie ein Paukenschlag sein, den niemand überhören kann: „Die Rede von der wahren Gerechtigkeit"! Das ist nicht gerade ein bescheidener Anspruch. Doch es geht ja um nicht weniger als einen gültigen Weg zum Glück für alle Menschen.
Da mag es erlaubt sein, einen etwas lauteren Ton anzuschlagen, um sich auf dem Markt Gehör zu verschaffen. Und Matthäus

betont ja auch zum Schluss, die Zuhörer seien „sehr betroffen" (besser sogar: „außer sich" oder „entsetzt") gewesen, denn sie hatten in diesen Worten einen Windhauch von der eigenartigen „Vollmacht" Jesu gespürt. Keiner der vielen anderen Prediger und Schriftgelehrten hatte jemals in dieser Weise zu ihnen gesprochen (vgl. Mt 7,28-29).

Diese Predigt handelt auch nicht zuerst von speziellen jüdisch-christlichen Glaubensinhalten - wenn das natürlich auch die entscheidende Perspektive bleibt. Zur Sprache kommen recht handfeste und alltägliche Themen:

- Töten
- Ehebruch und Scheidung
- Schwören
- Habsucht
- Rache und Feindesliebe
- Maßstäbe zwischenmenschlichen Verhaltens

Daneben geht es auch um das religiöse Leben im üblichen Sinne:
- Beten
- Almosen
- Fasten
- Frömmigkeit und anderes mehr.

Wer meint, das eine vom anderen trennen zu können, unterliegt einem folgenschweren Irrtum.

Für Jesus gibt es kein von der Religion, vom Glauben, von Gott getrenntes Leben. Für ihn bilden alle Lebensbereiche eine große (wenn auch nicht allseits harmonische) Einheit. Alles gehört irgendwie zusammen, weil alles einen gemeinsamen Schnittpunkt besitzt: das Herz des Menschen.

Hier haben Liebe und Hass ihren Nistplatz, ebenso wie Freundschaft und Eifersucht, Hoffnung und Verzweiflung und viele andere Dinge mehr. Wenn also alle guten und alle schlechten Regungen hier ihren Ursprung haben, dann ist genau dort auch der wichtigste Tummelplatz für (Selbst-)Kritik, Einsicht, Reue und Neubesinnung.

Die Forderungen der Bergpredigt zielen also nicht bloß auf das äußerlich sichtbare Verhalten. Sie reichen viel tiefer. So tief, dass der eigentliche Lebensnerv spürbar getroffen wird. In diesem Moment kann sich niemand mehr dem vorgetragenen Anspruch entziehen. Egal, ob zustimmend oder abwehrend. Wer hier aufmerksam hinhört, wird unweigerlich von einer schwer greifbaren Unruhe erfasst, denn er ahnt, dass es weitreichende Konsequenzen haben wird, wenn man so zu leben versucht.

Die Radikalität dieser Rede hat auch zwangsläufig schon bald zu heftigen Streitereien in den urchristlichen Gemeinden geführt. Letztlich drehte sich die Diskussion immer um die Frage, für wen diese Forderungen eigentlich gelten sollen bzw. ob sie allesamt wortwörtlich zu befolgen seien.
Das Zusammenprallen der gegensätzlichen Auffassungen lässt sich bis in unsere Tage verfolgen.
Es gab und gibt eine ganze Reihe von Versuchen, der Bergpredigt einige ihrer spitzesten Zähne zu ziehen, sie etwas zu entschärfen, zu zähmen und dadurch handlich zu machen. Ich möchte hier nur die wichtigsten dieser Amputationen benennen.

1. Der Bergpredigt gehe es gar nicht um das konkrete praktische Handeln, sondern um eine gute Gesinnung, die dem konkreten Tun zugrunde liegen soll. (So der deutsche Philosoph Immanuel Kant u.a.)

2. Die Bergpredigt gelte auch nicht wirklich für alle Christen. Sie sei nur für die Minderheit derer verbindlich, die zu einem besonders radikalen Leben in der Nachfolge Jesu auserwählt seien, zum Beispiel in einer Ordensgemeinschaft. (Frühere katholische Lehrmeinung)

3. Die Bergpredigt habe in ihrem außerordentlichen Anspruch auch nur in der Zeit kurz nach Jesus gegolten. Er selbst habe das unmittelbar bevorstehende Weltende erwartet und für diese Endzeit eine spezielle „Ethik des Ausnahmezustandes" ausgerufen. (Albert Schweitzer u.a.)

4. Die Bergpredigt stelle eben nicht ein revolutionäres Handlungsprogramm dar, sondern führe dem sündigen Menschen nur ganz ungeschminkt seine offensichtliche Unfähigkeit zum Guten vor Augen. Sie wolle dem Menschen nur zeigen, wie sehr er in seiner Unvollkommenheit auf die Gnade und Barmherzigkeit Gottes angewiesen sei. (Der Reformator Martin Luther)

5. Die Forderungen der Bergpredigt seien nur in einer Unterscheidung anzuwenden. Jeder Mensch sei gleichsam ein Bürger zweier Reiche. Als Christ gelte für ihn, er solle seine Feinde lieben; in beruflicher oder staatsbürgerlicher Sicht sei es aber seine Pflicht, als Soldat, Polizist, Richter usw. die Gesellschaft und das Recht notfalls mit Gewalt zu schützen. (Ebenfalls von Martin Luther)

Es gab aber auch Stimmen, die den Text nicht abschwächen, sondern ohne Abstriche wortwörtlich befolgt wissen wollten. So bekräftigte etwa der russische Schriftsteller Leo Tolstoi, Jesus habe buchstäblich Recht mit der Forderung, dem Bösen keinen Widerstand zu leisten. Wenn auf brutales Unrecht nicht mehr mit Gewalt reagiert werde, könne sich mit der Zeit eine neue Gesellschaftsordnung entwickeln, in der Polizisten und Soldaten überflüssig würden. - Gewiss eine hochherzige Überzeugung, doch wieweit ist es auch *vernünftig* und *dem Ziel entsprechend*, so zu handeln?

Mit der Vermutung, der bessere Weg müsse irgendwo in der Mitte liegen zwischen einer buchstäblichen Auslegung und einem „Das ist nicht ganz so ernst gemeint"-Verständnis, würde man es sich aber wiederum zu leicht machen. Wie soll man da eine „Mitte" ausloten? Was bliebe dabei vom Original noch übrig?

Die heutigen Bibelwissenschaftler sind sich weitgehend darin einig, dass ein sachgerechtes Verstehen und Umsetzen der Bergpredigt folgende Orientierungspunkte nicht aus den Augen verlieren darf: Der Mittelpunkt in allem Reden und Handeln Jesu ist seine Ankündigung der Gottesherrschaft. Was er damit meint, erläutert er in seinen Predigten und macht es erfahrbar in seinem Tun.

Das Lebensmodell von Jesus bildet den Angelpunkt und die Richtschnur einer jeden christlichen Ethik. Das Christentum ist daher nicht vorrangig eine *Gesetzes*religion (wie das Judentum und der Islam), vielmehr eine, wie die Theologen sagen, *Offenbarungs*religion. Das bedeutet: In der Person Jesu und seiner Lebensgeschichte wird auf höchst menschliche Weise *Gott selber offenbar*. Dieser Gott ist, so sagt und zeigt Jesus, ein Freund des Lebens, der das Heil aller Menschen will. Wer folglich seine eigenen Lebensquellen zum Sprudeln bringt und zugleich anderen hilft, ihre Quellen und Möglichkeiten zu entdecken und zu nutzen, der handelt im Sinne Gottes.

Jesus wollte also keinen verschärften Regelkatalog aufstellen, durch dessen peinlich genaues Befolgen eine harmonische Beziehung zwischen Mensch und Gott gewährleistet würde. Er möchte eine Gottesbeziehung möglich machen, die von einer vertrauensvollen Nähe und Geborgenheit erfüllt ist. Ein Mensch, der sich rundherum von Gott angenommen und getragen fühlt, der kann auch seinen Mitmenschen einen Vertrauensvorschuss entgegenbringen, der eventuell auch über das Maß des „gesunden Menschenverstandes" hinausreichen kann.

Jesu Perspektive verändert den Blick auf den Mitmenschen. Der ist dann nicht mehr länger Gegner, Konkurrent, Rivale oder Feind. Er ist zuerst einmal Mensch. Und als Mensch ist er genauso fehlbar und ängstlich, genauso voller Wünsche und Sehnsüchte, genauso gut und schlecht und ebenso erlösungsbedürftig wie man selbst.

Jesus will aus dem vielfältigen Gegeneinander ein solidarisches Mit- und Füreinander machen. Darum ruft er auf zu einem anderen Lebensstil, einer anderen Gesinnung einer anderen Gesellschaft:

Die Aussagen der Bergpredigt sind daher nicht als ein starres Gesetz zu verstehen. Sie haben eher den Charakter eines Modells, einer Weisung, eines Handlungsentwurfs, der angesichts einer realen Situation ständig neu zu interpretieren bleibt.

Ein ausformuliertes Gesetz stellt bedingungslos klar, was zu tun und zu lassen ist. Jesus jedoch will, dass sein Grundanliegen, die Menschenfreundlichkeit (Gottes), in jeder neuen Situation neu gesucht und realisiert wird. Seine Ethik wird damit zu einem lautstarken Appell an unser Gewissen: Was kann ich vor mir selbst, vor meinem Nächsten, vor der Gesellschaft, vor den kommenden Generationen - und in alledem: vor Gott - verantworten?

Die Weisungen der Bergpredigt sind also offen für ein je neues, zeitgemäßes Verstehen und Auslegen. Sie *müssen* sogar flexibel gehandhabt werden, wenn ihre eigentliche Absicht gewahrt werden soll.

Wie wenig sich ein richtiges Verhalten an festgeschriebenen Worten aufhängen lässt, verdeutlicht Jesus selber in der sogenannten >Goldenen Regel< (Mt 7,12): „Alles, was ihr also von anderen erwartet, das tut auch ihnen! Darin besteht das Gesetz und die Propheten".

Was erwartest Du von deinen Mitmenschen? Was erwarten sie vermutlich von Dir?
Wieweit stimmen bei Dir Theorie und Praxis überein?

2. Wahrer wird´s nicht!

33 Ihr habt weiter gehört, daß den Alten geboten worden ist (3.Mose 19,12; 4.Mose 30,3-4): ›Du sollst nicht falsch schwören‹, ›sollst aber dem Herrn deine Eide erfüllen!‹
34 Ich dagegen sage euch: Ihr sollt überhaupt nicht schwören, weder beim Himmel, denn er ist Gottes Thron,
35 noch bei der Erde, denn sie ist der Schemel seiner Füße, noch bei Jerusalem, denn es ist die Stadt des großen Königs (d.h. Gottes).
36 Auch bei deinem Haupte sollst du nicht schwören, denn du vermagst kein einziges Haar weiß oder schwarz zu machen.
37 Eure Rede sei vielmehr ›ja ja – nein nein‹; jeder weitere Zusatz ist vom Übel (oder: stammt vom Bösen). (Mt 5,33-37).
(Übersetzung: Hermann Menge)

Vor allem in amerikanischen Gerichts-Filmen kann man folgende Szene immer wieder beobachten: Ein wichtiger Zeuge soll vereidigt werden. Der Gerichtsdiener tritt zu ihm hin und gibt genaue Anweisungen. Die linke Hand soll der Zeuge auf die vor ihm hingehaltene Bibel legen, die andere Hand zum Schwur erheben. Er soll nun schwören, die Wahrheit zu sagen und nichts als die Wahrheit, so wahr ihm Gott helfe. Der Zeuge spricht die Formel nach und steht damit unter Eid. Er würde sich bewusst strafbar machen, wenn er die Unwahrheit sagt. - So weit, so gut.

Die Frage drängt sich aber auf, ob die Aussage des Zeugen durch diesen Schwur tatsächlich der Wahrheit mehr entspricht als ohne die Eidesformel.

Das Einbeziehen der Bibel macht diesen Schwur quasi zu einer heiligen und unantastbaren Sache. Es handelt sich hier offensichtlich um den etwas krampfhaften Versuch, hinsichtlich der gesuchten Wahrheit wirklich festen Boden unter die Füße zu kriegen, indem Gott mit eingespannt wird. Dabei dürfte allen Beteiligten klar sein, wie leicht sich in der Tat auch ein Meineid schwören lässt.

Die Vereidigung hat zwar im negativen Fall strafrechtliche Konsequenzen (wie übrigens eine unbeeidete Falschaussage auch: vgl. §§ 153-154 unseres Strafgesetzbuches!), doch bleibt sie in erster Linie ein psychologisches Mittel, das Erinnerungsvermögen des Zeugen zu schärfen und ihn an seine grundsätzliche Pflicht zur Wahrheit zu erinnern.

Bei den erwähnten Filmen muss ich auch immer wieder daran denken, wie wehrlos die Bibel gegen ihren Missbrauch ist und wie wenig sich oft selbst diejenigen Menschen in diesem Buch auskennen, die sich so betont und öffentlich auf sie und damit auf Gott (!) berufen.

Würde nämlich jemand die zum Schwur benutzte Bibel tatsächlich aufschlagen und die eingangs zitierte Stelle aus der Bergpredigt im Gerichtssaal laut vorlesen, hätte das vermutlich ein betretenes Schweigen zur Folge.

Bekanntlich ist ein Gerichtssaal aber nicht der einzige Ort, an dem Eide abgelegt werden: Präsidenten und Minister werden bei ihrem Amtsantritt vereidigt, ihren Dienst „zum Wohle des Volkes" auszuüben. Soldaten schwören einen „Fahneneid", das Vaterland im Falle eines Angriffs unter Einsatz ihres Lebens zu verteidigen. Alle Beschäftigten im Öffentlichen Dienst müssen bei ihrer Einstellung einen Eid auf die Verfassung schwören.

Selbst in der Kirche ist das nicht anders - obwohl man gerade dort eine andere Praxis erwarten sollte.

Jesus formuliert es klar und deutlich: „Schwört überhaupt nicht ... Euer Ja sei ein Ja, euer Nein ein Nein"! Er wusste sehr wohl, wie nutzlos der Eidesschwur bei der Findung der Wahrheit sein kann.

Wenn ich einem anderen nicht glaube, was er mir sagt, hilft letztlich auch kein Schwören, dass dies die volle Wahrheit sei. Wer sich trotzdem auf diese Weise meint absichern zu können, steht auf schwankendem Boden. Zudem: Was ist das für eine Wahrheit, die man nur durch eine Strafandrohung meint enthüllen zu können?

Die Wahrheit ist nicht garantierbar. Sie muss erst einmal *geglaubt* werden. Und nur manches davon lässt sich beweisen.

Aber: Von welcher Art Wahrheit ist hier eigentlich die Rede? Was ist überhaupt Wahrheit? Eine große Frage (vgl. Pilatus in Joh 18,38), die nicht so leicht zu beantworten ist.

Jedenfalls nicht allgemeingültig. Da kann uns schon die Unterscheidung ein Stück weiterhelfen, dass es drei verschiedene Bedeutungen von „Wahrheit" gibt.

Erstens ist Wahrheit eine *Eigenschaft von Sätzen*. Das heißt, alles, was ich sage oder schreibe, hat immer zuerst den Status einer Behauptung. Je nachdem, was ich da gerade zu einem anderen sage, lässt sich der Wahrheitsgehalt meiner Worte schon im nächsten Moment überprüfen. Für die Aussage „Es regnet" genügt schon der kontrollierende Blick aus dem Fenster. Wer dagegen auf die leise Erkundigung, ob er schon schlafe, mit einem bestätigenden „Ja" antwortet, der zeigt unzweideutig, worum es bei dieser Art von Wahrheit geht: Eine Aussage (Behauptung) ist nur dann wahr, wenn sie mit den Fakten übereinstimmt. Man nennt sie daher auch eine logische oder Urteils-Wahrheit.

Zweitens bezeichnen wir einen Sachverhalt als wahr, wenn er *mit unserer Vorstellung von dieser Sache* übereinstimmt. Du sagst zum Beispiel „Peter ist ein wahrer Freund!".

Damit hast Du zum Ausdruck gebracht, dass sein Verhalten dem entspricht, was Du unter einer wirklichen Freundschaft verstehst. Hier geht es also nicht darum, dass ein *Satz* wahr ist, sondern eine konkrete Wirklichkeit. Die Wahrheit der Realität wird an der mit ihr verbundenen *Idee* gemessen. - Klar?

Eine **dritte** Weise von Wahrheit zu sprechen, betrifft die Frage nach uns selbst: Was ist der Mensch? Was ist seine Bestimmung? Nach welcher Vorstellung des Menschseins beurteilen wir den einzelnen Menschen - und uns selbst? Wann ist jemand wirklich ein Mensch, wahrhaft menschlich? Welche Idee vom Menschen *sollte* allgemein gültig sein, damit sich alle auf sie verständigen könnten?

Was also ist die Wahrheit des Menschen? Genau diese Seite der Wahrheit liegt Jesus am Herzen.

Hier geht es um die letzte *Tiefendimension* unseres Lebens, um unser eigentliches Wesen. Deswegen spricht man auch (wie im zweiten Fall) von der Wesens-Wahrheit. Die Frage könnte auch lauten: Wie finde ich zu mir selbst? Wer bin ich überhaupt?

Der Blick ist also schließlich auf unsere *Identität* gerichtet, auf den Unterschied zwischen dem, wie wir sind, und dem, wie wir sein könnten bzw. sein sollen. Da bleibt wohl bei jedem von uns eine Differenz offen. Es ist dementsprechend nicht nur damit getan, sachbezogen die Wahrheit *zu sagen*, jeder von uns soll selber *wahr werden!*

Die Frage nach dem Menschen war seit jeher das Thema der Philosophie und der Religion. Beide haben uns eine bunte Vielfalt von Antworten beschert.

Die Antwort des Christentums heißt: Jesus von Nazaret. An ihm wird deutlich, so bekennt der Glaube, was die Wahrheit über Gott und den Menschen ist und wie der wahre Weg zu einem guten Leben verläuft. Aber die Wahrheit, für die Jesus steht, ist eben keine, die sich in ein paar wenigen Sätzen einfangen und für alle Zeit unverändert aufbewahren lässt.

Seine Wahrheit führt uns in einen offenen Suchprozess, in dem lediglich eine eher generelle Zielbestimmung sowie einige begrenzende Eckpfähle vorgegeben sind.

Die Wahrheit - was auch immer wir als solche glauben gefunden zu haben - ist ein zerbrechliches Gebilde. Wenn Jesus vom Schwören so eindeutig abrät, will er umgekehrt aber zu einem bewussteren und sensibleren Umgang mit der Wahrheit hinführen. Er weiß, wie unersetzbar die Wahrheit im Miteinander der Menschen ist und wie unheilbar der Schaden, wenn erst einmal die Lüge oder die Halbwahrheit, die Maskerade und das gegenseitige Austricksen die Oberhand gewonnen haben.

Du wirst selber schon erlebt haben, wie rücksichtslos jemandem die Wahrheit wie ein nasser Waschlappen „um die Ohren gehauen" oder wie mitfühlend sie einem „beigebracht" werden kann. Wahrheit und Wahrheit sind eben nicht immer dasselbe. Doch es führt kein Weg um sie herum. Sie gehört zum Leben wie Luft und Wasser.

Ohne sie kann es kein Glück, keine Liebe, keine Freiheit, keine Freude und erst recht keine Erlösung geben.

Was weißt Du über dich selbst? Wie ehrlich bist Du zu dir selbst? Hast Du Dich schon einmal selbst belogen? Welche Absicht verfolgst Du, wenn Du einem anderen ganz ehrlich sagst, was Du über ihn denkst? Wann tut die Wahrheit gut, wann schmerzt sie, wann zerstört sie sogar? Wann fällt es Dir leicht, unangenehme Wahrheiten über dich selbst anzuhören und Dein Verhalten daraufhin zu ändern?

Wie schwierig es zuweilen sein kann, wahrhaftig zu sein bzw. einfach die nackte Wahrheit und nichts als die Wahrheit zu sagen, belegen die folgenden Beispiele.

1. Soll, darf oder muss ein Arzt einen schwer oder gar unheilbar kranken Patienten wahrheitsgemäß und lückenlos über seinen Zustand informieren, dass er z. B. nur noch eine sehr begrenzte Lebenszeit vor sich hat?

Hat der Patient nicht ein uneingeschränktes Recht auf alle Untersuchungsergebnisse oder darf der Arzt gegebenenfalls auch einen Teil seines Wissens für sich behalten, weil der Patient die „volle" Wahrheit in seiner derzeitigen Verfassung eventuell gar nicht verkraften könnte? Würde die noch vorhandene Hoffnung auf eine mögliche Genesung nicht durch ein paar „wahre" Worte völlig zerschlagen und damit diesem Menschen endgültig jeder Lebensmut genommen? - Was hat Vorrang?

2. Darf sich ein Journalist unter falschem Namen und mit gefälschten Papieren in die Redaktion einer als unseriös geltenden Zeitung einschmuggeln, dort einige Zeit - ebenso unseriös - mitarbeiten, um nach seinem plötzlichen Ausscheiden der ahnungslosen Öffentlichkeit endlich einmal die Augen darüber zu öffnen, wie verlogen bei dieser Zeitung gearbeitet wird? - Heiligt der Zweck die Mittel?

3. Ist es in Ordnung, wenn der Lehrer einem Schüler, dem die Schule offensichtlich viel ehrliche Mühe abverlangt und der sich mit seinen Noten dennoch bestenfalls im Mittelfeld bewegt, einmal eine, durch seine Leistung nicht unbedingt gerecht-fertigte, bessere Note gibt, um ihn so zu ermutigen und anzuspornen? - Darf der Lehrer also in seiner Beurteilung zu Recht mit zweierlei Maß messen?

4. Ist der soeben nach seiner Bundeswehrzeit heimgekehrte junge Mann verpflichtet, seiner Freundin, mit der er schon seit fast drei Jahren zusammen ist und die er aufrichtig liebt, zu gestehen, dass er sich kürzlich von seinen Kameraden zu einem Bordellbesuch hat überreden lassen? Warum nicht, mag er sich sagen: Dort ging es ja schließlich „nur" um Sex.

144

Er weiß aber auch, wie eifersüchtig seine Freundin ist und dass sie vielleicht mit ihm Schluss macht, wenn sie davon erfährt. - Richtet die nackte Wahrheit hier mehr Schaden an, als dass sie die Verhältnisse klärt?

Und so weiter, und so fort. Ich nehme an, Dir fallen selber noch weitere Beispiele ein, wo die Wahrhaftigkeit auf wackeligen Beinen steht. Unser Alltag ist voll von derartigen Situationen. Jedes Mal stehen wir dabei vor dem großen und herausfordernden Fragezeichen nach der Wahrheit.

Wie viel Raum geben wir ihr - in uns selbst und in den Beziehungen zu anderen? Wie viele Chancen geben wir uns und anderen, mit der eigenen Person, dem eigenen Inneren, übereinzustimmen, also *in Wahrheit* zu leben?
Das bedeutet für jeden von uns ein dauerhaftes Stück Seelenarbeit.
Darauf würde ich schwören - wenn es nützte.

3. Ein bisschen viel verlangt!

38 Ihr habt gehört, daß geboten worden ist (2.Mose 21,24; 3.Mose 24,19-20): ›Auge um Auge und Zahn um Zahn!‹
39 Ich dagegen sage euch: Ihr sollt dem Bösen (= der Bosheit) keinen Widerstand leisten; sondern wer dich auf die rechte Wange schlägt, dem halte auch die andere hin,
40 und wer mit dir einen Rechtsstreit anfangen und dir den Rock nehmen (= pfänden) will, dem überlaß auch noch den Mantel,
41 und wer dich zu einer Meile Weges nötigt, mit dem gehe zwei.
42 Wer dich (um etwas) bittet, dem gib, und wer (Geld) von dir borgen will, den weise nicht ab! (Mt 5,38-42).

Diese wenigen Zeilen wirken selber fast wie ein Schlag mitten ins Gesicht. Nicht zurückschlagen, wenn man angegriffen wird? Wo soll das hinführen? Gibt man durch das eigene Stillhalten dem Täter nicht am Ende noch Recht, sein Interesse mit Gewalt durchzusetzen? Bestärkt diese Haltung nicht sogar einen Gewalttäter, da er mit keiner Gegenwehr rechnen muss?

Kann Jesus wirklich so blauäugig und naiv gewesen sein, von seinen Jüngern ein so weltfremdes Handeln zu verlangen? Sollen sich Christen stets als Schwächlinge präsentieren?

Doch Vorsicht! Auch diese Passage darf nicht, wie schon früher schon gesagt, als ein Gesetzestext gelesen und folglich auch nicht so sklavisch und buchstabengetreu angewendet werden. Wie aber dann?

Um die Absicht von Jesus besser verstehen zu können, müssen wir einen Blick werfen auf den Kontext des Themas, das heißt auf die Rechtsordnungen im alten Israel:

In der frühesten Epoche der biblischen Überlieferung galt im Orient ein ziemlich barbarisches Vergeltungsprinzip. So heißt es im Buch Genesis (4,15): „Darum soll jeder, der Kain erschlägt, siebenfacher Rache verfallen." Und ein paar Verse später (4,24): „Wird Kain siebenfach gerächt, dann Lamech siebenundsiebzigfach."

Wie widersinnig diese fast schrankenlose Rache-Justiz ist und wie wenig sie so etwas wie Gerechtigkeit mit sich bringt, das leuchtete auch bald ein.

So war es dann schon ein entscheidender Schritt zu einer Humanisierung des Strafrechts, als in einer späteren Phase die Strafe der Tat angeglichen wurde. Nicht mehr im Verhältnis sieben zu eins sollte vergolten werden, sondern nur noch eins zu eins!

So lesen wir im Buch Exodus (21,23-25): „Ist weiterer Schaden entstanden, dann musst du geben: Leben für Leben, Auge für Auge, Zahn für Zahn, Hand für Hand, Fuß für Fuß, Brandmal für Brandmal, Wunde für Wunde, Strieme für Strieme."

Hier wird aber nicht bloß eine andere Quote eingeführt, die künftig sinnlose Rachefeldzüge verhindern soll.

Zum einen zeigen die Beispiele von Auge und Zahn, dass es in einer realen Kampfsituation wohl nicht gelingen kann, als plötzlich Einäugiger nun auch gezielt *nur* ein Auge des Gegners auszuschlagen. Auch lediglich *nur einen* Zahn des anderen zu erwischen dürfte kaum möglich sein. Angezielt ist mit dieser Regelung vielmehr schon eine Abkehr vom „realen Ausgleich" (= Wunde für Wunde). Mehr und mehr setzte sich das Prinzip einer finanziellen Wiedergutmachung durch. Wer seinem Nächsten eine Körperverletzung zugefügt hatte, musste ihm Schadenersatz leisten sowie Schmerzensgeld, Heilungskosten usw. bezahlen.

Zum anderen ergab sich durch diese Veränderungen des Rechts, dass dessen Durchsetzung nun nicht länger in der Hand einzelner betroffener Personen lag. Täter und Opfer standen sich nicht mehr allein gegenüber.

Rechtsangelegenheiten wurden zur Regelung vor ein Gericht gebracht. Diese Instanz sollte weiterhin die gemeinsame Rechtsordnung garantieren und jedem einzelnen Bürger bei erlittenem Unrecht zur Seite stehen.

Diese bisherige Rechtspraxis ruft Jesus durch sein anfängliches Zitat nochmals ins Gedächtnis. Sein nächster Satz verlegt die ganze Debatte über den Umgang mit Gewalt jedoch auf eine andere Ebene.

Er möchte wegkommen von einem Gerechtigkeitsverständnis, das sich zuerst an zementierten Prinzipien orientiert, an ausgeklügelten Gesetzesparagraphen und Gerichtsurteilen, das sich überhaupt so umfassend an einem *rechtlichen* Denken und seinen Begriffen festmacht. Er will deutlich machen, wie trügerisch und sogar gottlos diese Vorstellung von Gerechtigkeit ist. Sie offenbare eigentlich nur das zum Scheitern verurteilte Bemühen der Menschen, diese Welt durch ein möglichst lückenloses, engmaschiges Netzwerk von Verhaltensvorschriften und Strafandrohungen gerechter, menschenfreundlicher und damit lebenswerter zu machen. Doch die Welt wird nicht besser, wenn alle nur noch auf das Gesetzbuch und ihre verbrieften Rechte pochen und sich vor dem Richterstuhl peinliche Kleinkriege liefern in der Überzeugung, ansonsten im Leben zwangsläufig auf der Verliererstraße zu landen.

Was da regiert, ist eine Angst-Moral, die sich wie ein langsam wirkendes Gift in alle menschlichen Blutbahnen eingeschlichen hat. Sie ist so zum Normalfall geworden, dass niemand mehr bemerkt, wie dadurch aus Menschen allmählich Tiere werden, die sich nur noch mit ängstlichem Misstrauen begegnen und ihre eigene Haut allein durch ein „dickes Fell", ein kampfbereites Auftreten und ein aggressives Verhalten glauben schützen zu können.

Aber was ist das für ein Leben, was für eine Gesellschaft, die nichts anderes mehr hervorbringt als gutgepanzerte Einzel-kämpfer, die allesamt bloß noch argwöhnische Blicke um sich werfen und lediglich zwei Lebenszustände zu kennen scheinen: Angriff und Verteidigung. Da aber niemand gerne zu den Opfern zählen möchte, werden schließlich alle zu Tätern, müssen aber irgendwann beschämt feststellen, dennoch ohne Ausnahme alle zu Opfern dieser mörderischen Gesellschaftsmoral geworden zu sein.

Vor dieser gemeinschaftlichen Sackgasse möchte Jesus warnen und bewahren. Er betont, wir müssten schon in unserem Herzen, unserem Lebensgefühl und unserer Grundeinstellung zu den Mitmenschen andere werden: Nicht die Angst um uns selber und die Angst vor den anderen sollte unser Denken, Fühlen, Wollen und Handeln prägen, sondern ein angstfreies Vertrauen, das sich aus dem Gefühl der eigenen Geborgenheit im Glauben ergibt.

Wer so wurzeltief von einer starkmachenden Gotteserfahrung durchdrungen ist, dass er sich von diesem größeren Horizont in jedem Augenblick und mit jeder Faser seines Körpers getragen fühlen kann, den beherrschen nicht mehr all die unseligen Ängste. Seine Sorge gilt nicht mehr vorrangig dem pausenlosen Kampf um das eigene Glück und Seelenheil.

Die Einsicht und Erfahrung, dieses sowieso nicht aus eigenen Kräften bewerkstelligen zu können, erlaubt ihm, vieles gelassener zu sehen und ruhiger anzugehen.

Er *muss* nicht länger seine Energien in nutzlose Kämpfe investieren. Sinnvoller vermag er sie jetzt in positive Beziehungsarbeit einfließen zu lassen, die in mehrfacher Hinsicht von Vorteil ist. Das Kreisen um sich selbst ist endlich zum Stillstand gekommen. Aus dieser inneren Freiheit und Stärke heraus wird es dann auch möglich, einmal nicht so zu reagieren, wie es üblich ist und wie andere es erwarten.

Jesus will uns Mut machen, die vorgestanzten Verhaltensmuster in Frage zu stellen und zu durchbrechen. Eben nicht gleich zurückschlagen nach dem ersten Hieb. Das mag den Angreifer eventuell schon stutzig machen, da er als „normale" Reaktion nun einen Gegenschlag erwartet und damit in seinem Erwartungsmuster verunsichert wird. Mag sein, dass dadurch ein zweiter Schlag unterbleibt.

Aber nochmals, damit kein Missverständnis aufkommt: Wir dürfen bei diesen Jesus-Worten nicht am Buchstaben kleben bleiben! Es kann nicht darum gehen, auf eine gezielte Brutalität nun mit Stillhalten zu antworten, damit weitere Schläge noch wirkungsvoller platziert werden können! Notwehr ist in angemessener Form immer erlaubt.

Und Davonlaufen ist manchmal die brauchbarste Lösung, um dann z. B. die Polizei zu verständigen.

Jesus will ja gerade nicht die Kapitulation vor der Gewalt! Nichts liegt ihm ferner, als einfach nur den Schwanz einzuziehen und jeglicher Gewaltherrschaft das Feld zu überlassen. Im Gegenteil! Er unterstreicht zum einen, was für alle schon längst eine Binsenweisheit ist, die aber trotzdem höchst selten zur Praxis wird: Gewalt, die mit Gegengewalt beantwortet wird, ist damit nicht beseitigt. Bestenfalls für einen Moment zum Schweigen gebracht. Der Konflikt besteht unverändert weiter, und das Problem, das sich in dieser Form ausgedrückt hat, bleibt ungelöst.

Wenn Böses mit Bösem zu vergelten also nicht weiterhilft, dann müssen wir, so Jesus, die Spirale der Gewalt an der nächstmöglichen Stelle wenigstens unterbrechen, z. B. durch den Verzicht auf den Rückschlag. Das erfordert aber eine Stärke besonderer Art.

Wir scheinen in dieser Sache erst durch eine gewisse Selbstüberwindung und durch ein Höchstmaß an bewusst verantwortlichem Handeln lernen und üben zu müssen, was bei den

Tieren wirkungsvoll durch den Instinkt gesteuert wird. Bei einem Zweikampf unter Wölfen bietet der Unterlegene, um ein Ende herbeizuführen, dem Sieger durch eine Kopfdrehung seine Halsschlagader dar.

Der Stärkere könnte nun den tödlichen Biss setzen, doch das geschieht nicht. Auf das Signal des Unterlegenen, der sich wehrlos und absolut verwundbar zeigt, wird bei dem kräftemäßig überlegenen Tier ein hemmender Impuls ausgelöst, der ihm das Zubeißen unmöglich macht.

Was Jesus meint, scheint mir von diesem instinktiven Verhaltensmodell gar nicht so weit entfernt zu sein.

Die konkrete Formulierung seines anschaulichen Beispiels hatte für seine Zuhörer aber noch eine andere Spitze. Er beschreibt absichtlich einen Schlag auf die *rechte* Wange. In diesem Fall muss der Angreifer mit dem Handrücken seiner rechten Hand hingelangt haben. Ein solcher Backenstreich galt damals aber nicht als Körperverletzung, sondern als Beleidigung!

Also schon auf der Ebene der verletzten Ehre soll nicht mit gleicher Münze heimgezahlt werden! Täte man es, so wäre vielleicht schon im nächsten Augenblick eine höhere Gewaltstufe erreicht und die Spirale begänne sich unaufhaltsam zu drehen.

Das ganze Problem kreist immer wieder um solche Fragen:

- Wie können wir es schaffen, menschlich zu sein?
- Was braucht es, um einen Konflikt auf menschenwürdige Weise zu lösen?

- Warum gönnen wir einander so wenig und suchen uns ständig gegeneinander abzusichern?
- Wieso können wir uns nur in Abgrenzung zum Nächsten selber verstehen und behaupten?
- Warum sind Gemeinschaft und Frieden so schwer zu erreichen bzw. zu bewahren?

In diesen Zusammenhang verweisen auch die drei von Jesus noch angefügten Beispiele (wobei das erste in der Parallelversion bei Lukas korrekter wiedergegeben ist).

Ein Mantel war zur damaligen Zeit vor allem für Umherwandernde und Obdachlose - dazu zählten zeitweilig auch Jesus und seine Freunde - mehr als nur ein wertvolles Kleidungsstück. Er wurde aus schwerem Stoff gewebt, damit er seinen Träger warmhielt und ihm ein Übernachten unter freiem Himmel in kalter Nacht erlaubte.

Die Nächte im Orient können nämlich sehr sehr kalt sein, und ein Wanderer ohne Mantel ist dann in Gefahr, draußen zu erfrieren. Wer folglich seinem Nächsten diese unverzichtbare Überlebenshilfe wegnahm, dem konnte man auch gleich den restlichen Besitz, das Hemd, dazugeben. Weil der Dieb diesem Menschen sowieso schon die Existenzgrundlage gestohlen hatte, wäre die „Zugabe" des Hemdes lediglich ein verdeutlichendes und aufrüttelndes Zeichen an den Anderen, was er durch sein Handeln tatsächlich angerichtet hat. Vielleicht regt sich anschließend etwas in ihm.

Nicht der sachliche Wert eines Mantels steht hier im Rampenlicht des Vergleichs. Der Blick auf das, was ein Mensch zum (Über-) Leben braucht, daran ist Jesus gelegen.

Wie genau achten wir auf das, was die Menschen in unserer nächsten Umgebung wirklich brauchen? Wie - als wen oder was - nehmen wir unsere Nächsten überhaupt wahr?

Was fällt Dir spontan zu diesen Fragen ein?
Was kannst Du daraus für Dich für Schlüsse ziehen?

Auch die Rede von der erzwungenen Meile hat zuerst einen zeitgeschichtlichen Bezug, geht aber in ihrer Bedeutung weit darüber hinaus.
Wie Du weißt, stand Palästina zur Zeit Jesu unter der Kontrolle der römischen Besatzungstruppen. Ein römischer Offizier hatte nun das Recht, sich irgendeinen jüdischen Bürger herauszugreifen, damit dieser ihm eine Meile weit als ortskundiger Dolmetscher oder sogar als Gepäckträger aushelfen musste. Bei den ansonsten allen Fremden gegenüber sehr gastfreundlichen Juden war es daher eine heiß umstrittene Frage, ob man im Rahmen des traditionellen Gastrechtes diesen Dienst tun durfte oder ob das Mitgehen in diesem Falle schon als Zusammenarbeit mit dem Feind anzusehen wäre.

Auch hier möchte Jesus den Spieß umdrehen. Der Aufgeforderte solle in diesem Moment gerade nicht die Faust in der Tasche ballen und mit demonstrativem Widerwillen sich der militärischen Übermacht beugen. Jesus wendet sich ganz bewusst gegen jede falsche Unterwürfigkeit.

Er möchte eine Reaktion, die aus Einsicht und Stärke erwächst; wiederum durchkreuzt diese Reaktion alle Erwartungen und nimmt deswegen einem Aufflammen jeglicher Aggression den Brennstoff.

Auch dieser feindliche Soldat, obwohl er sich als gut funktionierendes Rädchen der römischen Herrschaft präsentiert und sich allein aus diesem Grund heraus stark fühlt, soll in dieser Situation *als Mensch* betrachtet werden.
Er ist fremd in diesem Land, also braucht er einheimische Hilfe um sich zurecht zu finden. Warum sollen wir, fragt Jesus, ihm also nicht behilflich sein? Und nicht nur das. Wir wollen ihm zeigen, dass er nichts mit der Waffe in der Hand zu fordern braucht. Geben wir ihm freiwillig mehr als er verlangt hat, gehen wir noch eine weitere Meile mit!

Das wird ihm zu denken geben. Denn wenn wir auf die einzige Sprache, die er zu verstehen scheint, die Sprache der Gewalt, mit entsprechendem Widerstand reagieren, bestärkt ihn das nur in seinem erlernten Verhalten und er wird versuchen, mit verstärkter Gewalt seinen Willen durchzusetzen.

Zeigen wir ihm aber, wie unnötig es ist, uns zu etwas zu nötigen, was wir ihm durchaus auch ohne Säbelrasseln zu geben bereit sind, wird das seine Hand vom Schwert wegführen und in seinem Herzen das festgemauerte Freund-Feind-Bild ein Stückchen abbröckeln lassen.

Der abschließende Satz vom Bitten und Borgen drückt den gleichen Sachverhalt nochmals allgemeiner aus. Wenn unser Miteinander von einem Klima bestimmt wird, in dem jeder auf die Bedürfnisse des Nächsten achtet und einzugehen bereit ist, wird das ehrliche Bitten zu einem unauffälligen, weil selbstverständlichen Wesenszug einer jeden menschlichen Gemeinschaft.

Wo nämlich die Bitte keinen Raum hat - weil man sich nicht traut bzw. nicht trauen darf oder weil man für ein Erhören keinerlei Chancen sieht - bleibt entweder nur der stille Verzicht oder das lautstarke Habenwollen, das schnell zu einem gewaltsamen Ansichreißen führen kann.
So oder so wird das bessere Leben verspielt. - Und um welchen Preis!?

4. Ausklang: Wofür schlägt dein Herz?

„Leben ist wie zeichnen ohne Radiergummi." - Dieser Spruch passt für mich sehr gut zu dem, was Jesus seinen Zuhörern nahebringen will:

Seid euch der Kostbarkeit eures Lebens und der Einzigartigkeit jedes Augenblicks bewusst! Nutzt jeden Tag und jede Gelegenheit eures Daseins zur Entfaltung der vorhandenen Möglichkeiten! Vergesst dabei nicht, dass andere eure Hilfe nötig haben! Bedenkt, was ihr tut, denn ihr tut es im Angesicht Gottes! Nichts geht verloren, denn auch ihr werdet nicht vergehen! Schaut euch selbst, den Nächsten, die Welt und das Leben mit den Augen der Liebe an!

Knallharte Moralsätze sind nicht seine Sache. Jesus *erzählt* vom normalen Leben, von alltäglichen Erfahrungen, Situationen und Problemen. Er will innerlich und äußerlich Raum schaffen zum leben. Darum hebt er nicht, wie viele andere, den moralischen Zeigefinger, um bekannte Spielregeln nochmals einzuimpfen. Sein ungewöhnliches und provozierendes Konzept besteht umgekehrt im erzählerischen Ausmalen eines anderen, besseren Lebens, das als Möglichkeit in unseren Händen liegt. Es ist ein Angebot, das wahr werden kann. Die Welt wird sich ändern, wenn wir uns ändern. Wenn wir in seinem Sinne aus dem Glauben heraus handeln.

Ich möchte diesen kurzen Einblick in die Bergpredigt - und damit zugleich auch diesen letzten „Brief" - beschließen mit einem

Abschnitt, dem Matthäus die Überschrift gegeben hat „Von der falschen und der rechten Sorge" (Mt 6,19-34).

Er gefällt mir so besonders, weil er mit ganz einfachen Worten und Bildern nochmals in die hintersten Winkel unserer Seele hineinleuchtet. Wir sollen der Lichtspur folgen und bei jedem neuen Bild ehrlich uns selbst befragen, wie es diesbezüglich mit uns steht. Wie weit diese gleichnishafte Rede etwas bewirkt, hängt also davon ab, wie tief wir sie in uns hineinlassen und ob wir ihr ein Echo erlauben.

Verweile daher ruhig einen Augenblick in diesen Bildern - und damit auch bei dir selbst. Das ergibt den sinnvollsten Kommentar.

19 »Sammelt euch nicht Schätze hier auf der Erde, wo Motten und Rost (oder: Wurmfraß) sie vernichten und wo Diebe einbrechen und stehlen!
20 Sammelt euch vielmehr Schätze im Himmel, wo weder Motten noch Rost sie vernichten und wo keine Diebe einbrechen und stehlen!
21 Denn wo dein Schatz ist, da wird auch dein Herz sein. –
22 Die Leuchte des Leibes ist das Auge. Wenn nun dein Auge richtig (oder: gesund) ist, so wird dein ganzer Leib voll Licht sein (oder: helles Licht haben);
23 wenn aber dein Auge nichts taugt, so wird dein ganzer Leib finster (oder: in Dunkelheit) sein. Wenn also das in dir befindliche Licht Dunkelheit ist, wie groß muß dann die Dunkelheit sein! –
24 Niemand kann (gleichzeitig) zwei (sich widerstreitenden) Herren dienen; denn entweder wird er den einen hassen und den andern lieben, oder er wird dem einen ergeben sein und den andern mißachten: ihr könnt nicht (gleichzeitig) Gott und dem Mammon dienen.«
25 »Deswegen sage ich euch: Macht euch keine Sorgen um euer Leben, was ihr essen und was ihr trinken sollt, auch nicht um euren Leib, was ihr anziehen sollt. Ist nicht das Leben wertvoller als die Nahrung und der Leib wertvoller als die Kleidung?

26 Sehet die Vögel des Himmels an: sie säen nicht und ernten nicht und sammeln nichts in Scheuern, und euer himmlischer Vater ernährt sie doch. Seid ihr denn nicht viel mehr wert als sie?

27 Wer von euch vermöchte aber mit all seinem Sorgen der Länge seiner Lebenszeit auch nur eine einzige Spanne zuzusetzen?

28 Und was macht ihr euch Sorge um die Kleidung? Betrachtet die Lilien auf dem Felde, wie sie wachsen! Sie arbeiten nicht und spinnen nicht;

29 und doch sage ich euch: Auch Salomo in aller seiner Pracht ist nicht so herrlich gekleidet gewesen wie eine von ihnen.

30 Wenn nun Gott schon das Gras des Feldes, das heute steht und morgen in den Ofen geworfen wird, so kleidet: wird er das nicht viel mehr euch tun, ihr Kleingläubigen?

31 Darum sollt ihr nicht sorgen und sagen: ›Was sollen wir essen, was trinken, womit sollen wir uns kleiden?‹

32 Denn auf alles derartige sind die Heiden bedacht. Euer himmlischer Vater weiß ja, daß ihr dies alles bedürft.

33 Nein, trachtet zuerst nach dem Reiche Gottes und nach seiner Gerechtigkeit, dann wird euch all das andere obendrein gegeben werden.

34 Macht euch also keine Sorgen um den morgenden Tag! Denn der morgende Tag wird seine eigenen Sorgen haben; jeder Tag hat an seiner eigenen Mühsal genug.«

(Übersetzung: Hermann Menge)

***

NACHSPANN

Mit viel Geduld hast Du es nun geschafft. Für mich bleibt nur die Hoffnung, es möge Dir auf irgendeine Weise genützt haben. Sei es als Information, als Klarstellung oder als Motivation zur weiteren Auseinandersetzung.

Ich weiß nur zu gut, dass Manches zu kurz und unvollständig, anderes zu sehr vereinfacht oder gar missverständlich geraten ist. Aber dazu stehe ich. Mir war auch nur daran gelegen, einige Themenbündel aus der schwergewichtigen Religionskiste für Dich ein Stück weit aufzuschnüren und dadurch ein paar erste Einblicke zu ermöglichen. Wenn sich bei Dir gelegentlich ein Aha-Effekt ergeben hat, bin ich schon sehr zufrieden.

Mehr als eine Handvoll dieser religiösen bzw. biblischen Themen - zum Schnuppern, Probieren und Appetitanregen - wollte ich Dir ja auch gar nicht zumuten.

Danke für Dein Mitgehen!

Reiner Jungnitsch